不器用のかたち

藤原麻里菜

小学館

不器用のかたち

目次

はじめに　5
分厚いミルクレープ　8
ぐちゃぐちゃの赤べこ　14
不完全なテディベア　21
抽象的な和菓子づくり　25
諦めないボトルシップ　30
火と友達になったガラス教室　37
ティッシュと紙漉き　42
ぶっ壊れハンモック　49
ペラペラの羊毛フェルト　53
今の自分と石粉粘土　61

吐血パンづくり 67
飼い猫のための陶芸 73
孤独とともにある木工 79
ギリギリのキャラ弁 85
器用な人と溶接 91
テン上げ3Dネイル 97
庶民のウエディングドレス 103
震えたアイシングクッキー 109
うろ覚えオカリナ 115
100円ビヨンセ 121
Fのセーター 127
スタイロフォーム彫り熊 133
おわりに 138

はじめに

何をしても不格好なものができあがってしまう。料理をしても、工作をしても、手芸をしてもだ。私は「無駄づくり」といって、無駄なものを作るプロジェクトを10年以上続けており、「インスタ映え台無しマシーン」や「札束でぶたれるマシーン」など、無駄なものを300個以上作ってきた。「なんでも作れて器用だ」という評価をする人もいるかもしれないが、綺麗《きれい》に見える作品はレーザーカッターや3Dプリンターなどのデジタルなものに頼って作ったもので、私自身に物作りの腕があるというわけではないし、デジタルなものを使わずに作ったそれらはガムテープをダンボールに貼り付けただけだったり、塗装がはがれてガビガビになったりしている。以前、取材してくれた方が制作現場に密着してくれたことがあったのだが、私の真剣な様子とその成果物を見て「いい意味で受け取ってほしいのですが、うちの6歳の子供が作ったみたいです」と言った。いい意味で受け取った。

私は不器用である。自他共に認める不器用である。大胆に動く手、細かい作業を拒否する小粒の忍耐力。それらが私を不器用にさせている。だからといって、それが物作りを諦める理由にはならない。物を作るということ——それが誰からも認められないものでも——は、私たちの心を救ってくれる祈りのような存在だ。鬱屈した感情を込めて、アイデアを考え、想像したものを自分の手で作り上げ、実現させる。こんなにも創造的な遊びは他にないと思っている。他人の評価や名声は関係なく、ただ物を作るということを楽しむだけだ。自分の生活にとってこの考え方がどれだけ大切なことだろうか。

SNSでインスタントに作品を発表できる今日《こんにち》、個人で制作して投稿されている作品のレベルがだいぶ上がっているように思える。下手《へた》なものをアップしてしまったら、袋叩《ふくろだた》きにされてしまいそうな雰囲気。私はそれに危機感を覚えている。下手でも誰でもなんでもやっていいのが創作だ。パースが崩れた絵だって、音楽理論をぶち壊した曲だって、そこに存在していい。だから私は不器用だけれど、物を作る。どんなに無駄なものでも、どんなに雑に作られていても、その作品はそこに存在してよく、愛らしい。よし、わかった。不器用な私が堂々と下手なものを作り、それを一冊の本にまとめて、世界全体の創作レベルをぎゅんと下げてやろう。

本書は、私が不格好なものたちを作った記録だ。「無駄づくり」では、ある程度テーマを絞って物作りをしているが、本書では興味を持っている物作りの技法や不器用だからできっこないと諦めていたことたちに挑戦し、見事に散っている。

「説明書を読まない」「諦める」「せっかち」「雑」など腹立たしいことが多々見受けられると思うが、「まあ、そういう人もいるもんだ」と思ってもらえたらうれしい。

不器用だって物作りをしていい。下手くそだって、何に挑戦してもいい。諦めながら物作りをしてもいい。私の作る「不器用のかたち」が、生活を彩り、心を救ってくれるのだ。

不器用の三箇条
・飽きたらやめる
・できるまでやらない
・これでよしとする

分厚いミルクレープ

ミルクレープとはクレープ生地とクリームを重ねたケーキだ。薄いクレープ生地に甘いクリーム。それが何層にも積み重なっていて、ケーキとして形作られている。「生地とクリームの間にパリパリのチョコが挟まれたものを食べたい」というのが、夫からのリクエストだった。2月のはじめから、口を開けばチョコミルクレープの話をしてきて、どうやらバレンタインの贈り物として期待しているようだ。チョコクリームが入ったミルクレープはどこかのケーキ屋で見たことがあるのでそれを買う旨を伝えたところ、夫は「申し訳ないけれど、それだとイメージと違う。クリームではなくパリパリのチョコレートでなくては絶対にダメ」と言う。絶対にパリパリのチョコレートがいい。絶対絶対パリパリ。普段、何事にも「俺は別になんでもいい」と言うほど意思があまりない夫なのだが、パリパリチョコのミルクレープだけは譲れないらしい。

2月に入ってからバレンタイン当日まで、口を開けば「絶対パリパリ」と言っており、覚悟を決めた私は夫が出社したのを見送り、まいばすけっとに向かった。パリパリのチョコレートが挟まったミルクレープを検索したけれど、どこにも売っていないしレシピもない。じゃあ、私が作りましょう。コンビニみたいなスーパーであるまいばすけっとには、この世のものはだいたい売っている。ホットケーキミックスと、卵と牛乳。また、簡単に使えるホイップクリームと、板チョコを4枚購入した。買い物をしていたら、私の前で商品を見ていたおばさんがおならをして、幸先《さいさき》が悪い。

帰宅して、まずは手を洗った。料理は手を洗うことから始める。そういうことは知っているのだ。実家で暮らしていたときに冷蔵庫に里芋があったので包丁で切ったら中が緑色だった。母を呼びつけ「新種の里芋だ！」と言うと「それキウイだよ」と言われたことがある。それくらい私は料理をしないのだが、「まずは手を洗う」という基本中の基本を知っているだけで、そのことのすべてを知った気になってしまう。

よし、それじゃあクレープ生地を作るぞ。ミルクレープは薄いクレープ生地が重要だ。ホットケーキミックスを手順通りに作り、おたまで少しだけすくってフライパンに流し込んだら、ホットケーキができあがった。あれ。薄いクレープを作りたいのに、目の前ではホットケーキがもこもこと膨らんでいる。ホットケーキミックスを少しだけ流し込めばクレープが生まれると信じていた私は、あまりにも無計画な自分に絶望した。ホットケーキミックスそのままだと生地の粘度が高く、もったりしていることが原因だと思うので、とりあえず、牛乳をどばどば入れ、しゃばしゃばした生地を作ることに成功した。料理ってのは臨機応変にしなくちゃね。

しゃばしゃばした少量の生地をすくい上げ、フライパンに流し込む。すると、ホットケーキができあがった。昔、ホットケーキミックスを使ってクレープを焼いているお料理動画を見たことがあり、それをうろ覚えで真似《まね》しただけなのに。ホットケーキミックスをフライパンに流したら、ホットケーキができあがる。30歳にして、大切なことを学んだ。その後、何度挑戦してもクレープではなく、ホットケーキができあがってしまい、結局、ホットケーキを7枚焼いて、生地がなくなった。生地が垂れたコンロを掃除しながら、なんでこんなことになってしまったのかと、後悔する。ただ、できあがったホットケーキを見て、私はにんまりしていた。ホットケーキにしてはちょっと薄いのだ。クレープの厚みが1、ホットケーキが10だとすると私が作ったものは8くらいの厚みで、これはなかなか健闘したのではないかと自分を励ますことにした。

生地を作っただけで満足しそうになったが、夫のリクエストは「パリパリのチョコ」である。まずは板チョコを湯煎して溶かそう。このくらいは朝飯前だ。なぜなら、小学生のときに板チョコを溶かして型に流し込み再度チョコレートを成形するという儀式を何度も行っていたからだ。チョコレートを細かく割って湯煎し、ヘラで混ぜる。すると数秒でドロドロに溶けていく。チョコレートが再度固まらないように、分厚いクレープ生地、ホイップクリーム、チョコレートの順に素早く積み重ねていく。ホイップクリームは1から作るのがめんどうだったので、すでにできあがっているものを購入した。クリームを塗り、チョコレートを垂らしかけ、分厚いクレープ生地をのせる。それを繰り返した。最後に余ったチョコレートをドブ川に泥水を捨てるようにかけたら完成である。

分厚い生地からチョコレートがはみ出して、いまにも崩れそうな違法建築のような見た目になっており、ミルクレープにはまったく見えない。しかし、生地とクリームが何層にも積み重なっているという部分を取れば、これはミルクレープとして認めざるを得ないのではないだろうか。別にクレープ生地が分厚くても、ミルクレープと言っていいじゃないか。この多様性の時代に、そんな細かなことでミルクレープかミルクレープじゃないかを判断するのは野暮というものだ。これを夫へのバレンタインプレゼントとする。

満足感に包まれながら、一息ついてYouTubeを見ていたところ、なんだかすごくチョコ臭い。チョコを湯煎するときに素手でチョコを割ったので、その匂いがついているのだろうと一旦納得したが、それでもすごくチョコ臭く、原因は他にあるぞと、身体《からだ》中の匂いを嗅ぎまわったところ、洋服の袖にびっしりとチョコがくっついていた。袖をまくりながら作業をしていたのにもかかわらず、なぜこんなところに、しかもびっしりとチョコがくっついているのか私は理解しがたく、恐怖にかられた。

はっとして作業していたテーブルに目をやると、やはり至る所にチョコが飛び散っていた。なぜこんなところにと思うような場所にまでチョコがあり、チョコの行動範囲にびっくりする。フットワーク軽すぎだろ。

夫が帰宅し、冷蔵庫に入っている渾身《こんしん》のミルクレープを見て一通り笑い、一口食べると「ミルクレープは薄い。ホットケーキは分厚い。このケーキはその間を行っている。新しい分野を開拓したね」と褒めそやしてくれた。私も一切れ食べてみると、ホットケーキミックスと市販のチョコの安定の美味《おい》しさが相互作用してより安定した安定の味だった。味の公務員だった。

不器用な私が作るものはすべて不格好《ぶかっこう》だが、私はそれを愛している。だから、この分厚いミルクレープだって、私は愛《いと》おしく感じるのだ。

夫は2日に分けて、このミルクレープを完食した。よく食べたな、と思う。切った断面をよく見てみると、クレープ生地は生焼けだった。しかし、奇跡的に私も夫もお腹《なか》を壊しておらず、不器用の神が私たちを祝福しているようだった。

分厚いミルクレープ

違法建築のようだ。

ぐちゃぐちゃの赤べこ

ゆらりゆらりと揺れる頭を見ているだけで落ち着く。福島県の工芸品である赤べこは神奈川県出身の私からしたら遠い存在のように思えていたが、福島出身の人と結婚したから少しだけ距離が近くなった。福島は日照時間が全国平均と比べると短めだが、その赤い胴体は太陽を感じさせ、私を元気にしてくれる。赤べこのことをさまざまな人に教えてもらったのだが、天然痘除《よ》けの玩具として信仰されていたらしい。その始まりは諸説あるみたいで、一説によると400年前の地震からお寺を再建するときに、赤毛の牛の大群がやってきて手伝ってくれたそうだ。そこから福を運ぶ赤べこが作られ、忍耐と力強さの象徴としても親しまれているようだ。赤毛の牛の大群がやってきたら恐怖に慄《おのの》いて一目散に逃げるだろう私からしたら、当時の人たちはとても優しい。

赤べこは、張子《はりこ》だ。水に溶いたのりで紙を型に貼り付け、乾燥させ、それを剥がして作り上げる。紙を固めることで、中が空洞ではあるが、頑丈なオブジェを作ることができるのだ。張子の作り方については、テレビかなにかで見たのをうっすら覚えている。それくらいなら私にもできそうだということで、作り始めることにした。

まずは、100円ショップに行き、紙粘土、書道に使う和紙、のりとはけを購入した。紙粘土で型を作るところから始める。本物の赤べこも購入したので、それをお手本に作ることにした。私の購入したものは想像よりもずんぐりむっくりで、ちょっととぼけた顔が愛らしい。私もこんな赤べこを作れたらいいなあと思う。

紙粘土をこね、赤べこのかたちを作る。胴体は4本の脚で自立している。これがなかなか難しい。どうやっても、こてん、と、倒れてしまうのだ。なんとか自立できるように作り上げたが、やはり生まれたての子鹿のように不安定に立ち、目を離した隙に倒れているくらいの完成度になった。続いて、紙粘土で顔と首を作る。赤べこは襟ぐりに大きな穴が空いている。そこに首を入れて、胴体と首を糸で繋《つな》げると、赤べこ特有のゆらゆらした首ができあがるというわけだ。なので、胴体と首の型は別々に作らないといけない。お手本には小さな耳が生えており、その繊細さに少し不安を感じる。この小さい耳、私が作れるわけがない。しかし、なんとか少量の粘土を盛り付け、猫の乳首くらいの大きさの耳を作った。型を作り上げ、1日乾燥させて紙粘土が固まったら、次は和紙をちぎって型に貼っていく。水をたぷたぷに入れた紙コップの中にのりをぶりゅりゅと出して、かき混ぜる。あ、しかし。このまま液体のりをつけた和紙を紙粘土に貼っていくと、のりが紙粘土にくっついて乾燥しても剥がれないのではないだろうか。悩んでいる私に名案が降ってきた。なにか油のようなものを間に塗ることで、のりと紙粘土を剥離することができるのではないか。油を探そう。アトリエのキッチンを物色すると、オリーブオイルがあった。これでいいでしょう。ということで、紙粘土の型にオリーブオイルをどばどばとかけた。ヘラがあるならヘラで塗れよという意見もあるかもしれないが、私はワイルドなんです。薄いビニールシートで包装されているCDをハサミでも爪でもなく、歯で開封するんです。オリーブオイルをどばどばとかけて緑色に染まった赤べこの型は、実験施設から逃げ出した怪物のようだった。

その型に500円玉ほどの大きさにちぎった和紙を貼り付ける。本当はさきほど用意した液体のりを和紙に浸して貼り付けようと思っていたのだが、オリーブオイルがベタベタすぎたのでそのまま貼った。オリーブオイルを吸った和紙がふにゃあと溶けてなくなる様がおもしろい。とにかく全体に均等に貼り付けなくてはならないのだが、いかんせん、どこに貼ったか忘れてしまう。オリーブオイルと一体化し、和紙がどこにあるのかまったく見当もつかない。

一通り貼り終わったら、あとは乾燥させる。1日ほど乾燥したら、オリーブオイルが乾いてなくなっていたので、液体のりで貼ることにした。乾燥させ、貼る。これを繰り返すだけだ。しかし、この繰り返しの作業がたまらなく楽しい。ちぎって貼る。幼稚園児に戻ったような快楽がここにはある。

ある程度厚みがでたので、切り出そう。ひとまずカッターで中心に切れ目をいれて、パカッと割って、切れ目はあとで接着剤か何かでくっつければいいや。計画性がまったくないことが私の取り柄でもある。旅行に行くときもまったく予定を立てないで行くし、こうやって物を作るときも、なにか壁がありそうだなと気づいていながらも「あとで考えればいいや」と問題を先延ばしにする。結局、壁にぶつかるのだが、ぶつかったらぶつかったで「まあ、てきとうにやればいいや」と、壁の横をするりと通り抜ける。もしくは、壁に無理やりドリルで穴を開けたりする。壁の向こうに行けなくても、ぴょんぴょん跳ねて、向こうの景色を見るくらいで十分だったりもする。

カッターで切れ目を入れ、両端を持ち静かに型から紙を剝がす。私のイメージとしては、まるで桃太郎が誕生した桃のようにパカッと綺麗に割れると思っていたのだが、なぜだか紙クズがぼろぼろと1枚1枚剝がれ、しまいには赤べこの面影もない紙の山ができあがった。作業と乾燥の時間を合わせるとゆうに1週間は費やしているが、私の目の前には紙クズがある。少しだけ涙が出て、そのあと笑った。

私のやり方が悪かったのだろう。うろ覚えでやったから、手順がきっと間違っていたのだろう。なんの形にもなっていない紙の低山を見つめ、もう一度やり直そうかと悩んでいた。しかし、具体的にどこが悪かったのか。少しだけ考えてみたけれど、やっぱり私にはわからない。過去の自分には嫌いなところが多いが、1週間前の自分はそこまで糾弾できない。お前もお前なりに頑張ったんだよな。そんなお前が作ったこの紙クズで、今の私が赤べこを生成してやろう。

紙の山から赤べこになりかけている大きめの残骸を見つけ出して、それを接着剤で貼り合わせ、どうにか輪っかのようなものを作った。しかし、後ろにあるものが透けて見えるほど薄っぺらい。赤べこっぽくできないものかと考えた結果、色を塗ることにした。赤べこの赤だ。それに、紙粘土で作った赤べこの頭を載せれば、完成だ。私の赤べこだ。まるで赤べこで血を拭いたかのようになってしまい、知人に見せたところ怪我《けが》を疑われて心配されてしまったが、完成だ。ひとまずかたちにはなったことを喜ぶべきか、「もう一度挑戦しよう」という気概がないことを悲しむべきかわからない。

お手本に買った赤べこの首をつんと押してゆらゆらと揺れる頭をぼんやりと見る。なぜ、私は赤べこを作れないのか。赤べこへの愛が足りなかったのか。それとも私が無知で不器用だからなのか。後者だな。私も私の赤べこをゆらゆらと揺らしたかったが、まだ私には早かったようだ。もう少し私の指先が丁寧に動かせるようになり、さらにちゃんと技術を身につけ、オリーブオイルをどばどばとぶっかけるような愚かさが消えたら、もう一度挑戦したいと思う。忍耐の象徴である赤べこを作るには、忍耐と根気が必要であり、私はその2つを持ち合わせていなかった。

ゴミにしか思えないものを生み出し、少しだけ頭が混乱した。私ってやっぱりダメだ。友人と行った旅行で、現地についたら雨だったこと。自分を励ますためにスーパーに行き材料を揃《そろ》えて時間をかけて作ったご飯があまりおいしくなかったこと。この思い出たちは私の海馬《かいば》の手前に置かれている記憶だが、失敗だから手前に置いているのではない。道中友人と喋《しゃべ》ったどうでもいい会話や雨でプランが崩れてカフェや旅館でずっとぐうたらしていたあの幸福感。つらい心をそのままにしないでスーパーに行ったら、耳に入る店内のＢＧＭが心をほぐしてくれた。結果よりもそれに至るまでの過程が自分を作り上げており、ゴミを作ってもそれは私の血肉となり、より一層私になるのだ。

ぐちゃぐちゃの赤べこ

血ではなく絵の具なので安心してほしい。

不完全なテディベア

縫えば縫うほど雑になっていく。

枕元にぬいぐるみが欲しかったので、１００円ショップで布と目玉のシールを購入して、テディベアを作ることにした。テディベアは、立体的なかたちをしていて、腕や足が動いたりする。それをどうやって作るのかまったく想像できないが、なんとなく作る手を動かせばかたちになるだろう。１枚の布から頭と足のパーツを切り出したら、腕のパーツが足りなくなってしまった。もう一度１００円ショップに買いに走りに行く気力はない。なので、このテディベアは腕なしということで進めさせていただく。布を裏返しにして、手縫いでざくざく縫う。縫い代《しろ》が５㎜のところもあれば１㎝のところもある。大雑把さは私のチャームポイントだ。

小学校の授業中に紙を切ったとき、まっすぐ切れずノコギリの刃みたいになった紙を見た先生から「不器用なんだね」と言われた。そこで自分の不器用さを初めて知ることとなる。幼稚園から小学校低学年の頃は、物を作ったり絵を描くことに熱中しており、先生もその創造性を褒めてくれた。しかし、高学年になるにつれ上手《うま》い／下手という価値基準の上にいつの間にか上がっていて、私が情熱のまま作った不格好なものたちよりも、器用に作られたものや上手なものに全員の視線が動いた。綺麗なもののほうが伝わりやすいし、美しい。不格好なものしか作れない私は、自然と物を作ることに興味がなくなった。

しかし、私は芸術が好きで、中学生のときには美術の修復師になりたいという夢を持つようになる。これだけ不器用なのに、重要な美術作品を扱う職業に憧れていた私のタフなマインドたるや。素人《しろうと》が美術作品を勝手に修復してとんでもないことになったというニュースが年に1回くらい流れてくるが、もし私が修復師になっていたら週1のペースで世間を騒がせていただろう。本場であるイタリアでスパルタな修業を受けて、ものすごい器用人間になっていた可能性も捨て切れない。誰だって何に対しても1ccくらいは才能があるというのが、私の持論でもある。

美術の授業が充実している高校に、勉強ではなくフリップネタで入学し、意気揚々とデッサンの授業に出席した。渾身のデッサンを提出したところ、先生は私の絵を黒板の端っこのほうに貼り、褒めることもダメ出しすることもなく華麗にスルーした。こんな辛《つら》い思いはしたくないと思った。ゆとり世代なんです。デッサンの授業はそれから出ていない。学校をサボり、映画館で暇を潰していた。さまざまな作品を見る中で、物事を多面的に見るおもしろさに気づき、自分のダメなところも表現を変えたらおもしろくなるのではないかと思い始める。ろくに学校に通っていなかったので、どこの大学にも入れず、吉本の養成所に入学した。

吉本の養成所を卒業した後すぐにYouTubeチャンネルを開設した。1つ目の動画として、NHKでやっている『ピタゴラスイッチ』のようなドミノを倒したりボールを転がしたりして連鎖していくものを作ったのだが、1週間くらいかけて制作したそれは、ゴミのようだった。しかし、そのゴミに「無駄づくり」と名付けたのがすべての始まりだった。その言葉一つで、先生に言われた「不器用だね」という一言を愛せるようになった。もっとおもしろいものを。もっと無駄なものを。とはまったく思わずに、ただ感情に任せて物を作ることができるようになったのは2、3年前のことだ。ちょうど不安障害になって、いろいろなものを手放し、諦めることを覚えてから、好き勝手物作りができるようになった。高みを目指すことはしない。完璧を目指すこともしない。不器用だからこそ、生み出せるものがあり、見える景色があるのだ。

パーツを縫い合わせたら、裏返して少しだけあけた隙間に綿を詰める。雑に縫ったから繋ぎ目から綿が飛び出すが、そんなことは気にしない。目玉のシールをつけて、なにか物足りない気がしたから鼻と口を糸で刺繍《ししゅう》した。テディベアとは程遠いが、この生き物は可愛《かわい》い。

上手なものや綺麗なものにみんなの視線が動いても、私は私で物を作る。先生に褒められなくて拗《す》ねてしまった過去の私に見せつけるように。

不完全なテディベア

急に可愛く思えて、ぬい撮りをはじめた。

抽象的な和菓子づくり

高校生のとき、たい焼き屋でアルバイトしていた。そのお店では、焼きスタッフとレジスタッフに分かれていて、働き始めたときに焼きスタッフになれるか適正を見るため、練習を重ねてテストした。そのとき、たい焼きとは名ばかりのクリーチャーを生み出し、中身が飛び出て生地が全方向に飛び散った鉄板を見た店長に「藤原さんにはまだ早いね」とやんわりと言われたのだ。今はそれが優しい嘘《うそ》であり、端《はな》から私にたい焼きを焼かせる気はなかったとわかるが、そのときはたい焼きを焼ける日をまだかまだかと希望を抱きながら待っていた。しかし、2年間、鉄板に近づくこともなくレジを打ち続け、レジを極めた女子高生となる。けっこう楽しいアルバイトだった。

和菓子の入門の本を買った私は、あのときの作れることに期待を抱いていた少女に戻っていた。たい焼きも好きだが、和菓子といったら練り切りだ。本には色とりどりの練り切りの作り方が書いてあり、それを見ているだけでワクワクする。桜という名前がついたほんのりピンク色に色づいた桜の形をした練り切りや、紫陽花《あじさい》という名前がついた様々な色がグラデーションのように色づいている練り切りを見て、気合いを入れた。売り物じゃないから、好きに作っても大丈夫なのだ。私はようやく大人になった。

スーパーで白あん、こしあん、そして色をつけるために使う食用色素を購入して、台所に立った。本には分量が書いてあったが、それは練り切りを10個作る分量で、一人で食べるにはなかなか多すぎるので目分量でいかせてもらうことにする。お菓子づくりを目分量でやることは愚行ではあるが、ミルの『自由論』には「我々には愚行権がある」と書いてあり、そういった愚行も我々は許されるべきである。

まずは、白あんをレンジであたため、水気を飛ばす。そして、白玉粉を水で溶かしたものをその白あんにかけるのだが、私は本の説明をあまり読んでおらず、白あんの上にどばどばと白玉粉をかけ、水もぶっかけた。ああ間違えた。終わりだ。とはならず、まあ、この程度のミステイクでしょげていてもしょうがない。と、前向きにそれらをかき混ぜた。無事に粘度がちょうどいい生地が作れ、やはり私は神の祝福を受けているなと得意げになる。

白あんが作れたら、あとは色をつけるだけだ。食用色素の赤を取り出し、ピンク色になるように白あんと混ぜればいい。本に掲載されている見本は、ほんのりとピンク色に色づいており、白あんとのグラデーションが綺麗だ。見本のようになるように混ぜているつもりが、私のこの手が、この大雑把に動く手が、ぐにゃぐにゃと大胆に混ぜ始めた。おい、手。もうちょっと繊細に動いてくれ。頼むから。そんな私の叫びはむなしく虚空に響く。見事に真っ赤な生地ができあがった。桜色というよりかは血である。その血の塊を平べったくし、あんこをのせ、包む。包む工程はなかなか上手くできた。私は餃子などを作るときはきまって具材がはみ出たりするのだが、ちょうどよい塩梅《あんばい》であんこを包むことができ大満足である。今日はこれで終わりにしたいところだが、私は桜を作っているのだ。

丸く成形し、そこに切れ込みをいれて花びらのようにする。本には切れ込みを作るためには三角形の棒を使うようにと書かれていたのだが、そんな棒が自宅にあるはずがない。なので、食用色素についてきた小さなスプーンの柄で花びらの形を作ることにした。完成した。桜である。スイカにしか見えないが、これは桜である。私の作った和菓子から情緒を感じてほしい。

まだまだ作るぞ。次は紫陽花だ。先ほど作った白あん生地のあまりを使うことにする。見本を見ると、緑、青、黄色、赤がきれいに薄いグラデーションのようになっている。まるで朝焼けから曇り空、そして夕焼けの空を見ているみたいだ。この淡いグラデーションを見ているだけで心が癒される。梅雨のじめじめとした時期にこのようなさわやかな練り切りが出されたらテンションも爆上がりだろう。

食用色素をふりかける。まずは赤、そして青、そして緑、そして黄色。ふりかけたら、あとは混ぜてグラデーションにしていくだけだ。と、思ったのだがここで私はやり方をまったく間違えていることに気づいた。私は一つの生地に４色の食用色素をかけてグラデーションを作ろうとしていたのだが、本には４つの生地に分けて、それぞれ色を分けて作るように書いてあった。しまった。終わりだ。とはならずに、まあここまで来たのだから、自分なりの紫陽花を作ってみようじゃないかという気持ちに持ち直す。生地ができあがったので、さきほどと同じようにこしあんを中に入れて包む。やはり私は包むのが上手い。完璧に包まれている。包んで裏返し、グラデーションのあるほうを見ると、そこには抽象画があった。抽象画とは良くいいすぎた。小中学生のときに使った絵の具の筆を洗うバケツの中の汚ねえ水みたいだ。

思い返すと、私は食用色素を入れ過ぎだったのかもしれない。あれは、ちょっとの分量で多大なる威力を発揮してくれるのに、私は食用色素を過小評価していた。作った和菓子を食べてみる。味はとてもおいしかった。市販のあんこを使っているからおいしいに決まっているんだけれど、それにしても自分で作ったというスパイスも効いていて、ただただおいしく食べたが、食べ終わった私の指は赤と青に染まっており、ついでに舌も変な色になっていた。

見本は見本。私は私。またそうやって自分を全肯定する悪い癖がでた。でも、みんなから否定されちゃうからこそ、自分くらいは自分の作ったものを肯定したい。誰にも迷惑かけずに一人で作って一人で笑ってるだけなんだから。

抽象的な和菓子づくり

左が桜、右が筆洗い（紫陽花）。

諦めないボトルシップ

以前、ツイッター（現X）で作ったものをアップしたら、「私はこの人に反対です。こんな人の作った飛行機に乗れますか？」と引用リツイートがついたことがあった。私は飛行機なんてたいそうな責任のあるものを作ろうとは思わないが、たしかに、私の作った飛行機には私も乗りたくない。絶対に変な音が鳴るだろうし、席は木かレンガでできてそうだし、ネジの1本や2本、いや、50本くらいは外れているだろう。

しかし私は物を作る。それが私の心を救う唯一の手段だからだ。飛行機は作れないけれど、今日は船を作ろうと思う。大きな船は作れないけれど、小さな船だったら作れる気がする。ボトルシップというのは、ウイスキーなどの空き瓶に小さな船の模型が入っているというもので、飲み口は小さいから、たぶん、瓶の中で組み立てるのだろう。そんな細かな作業が私にできるのかはわからないが、なんとなくずっとやってみたかったので、今日はそれに挑戦してみることにしたのだ。

ボトルシップのキットが売っていたので、それで作ることにした。瓶はキットの中に入っておらず、自宅にあったウイスキーの空き瓶を使うことにする。こういう組み立てる系の物作りは結構やっていて、昔からプラモデルとかペーパークラフトなどを作ることが好きだった。ただ、できるものは見本とまったく違うのだが。なので、今日も組み立てることにわくわくしながら挑む。

ＡＢＣＤと書かれた袋や、さらにＥＦＧと細かく分類されたパーツを見ると、よしやるぞという気持ちになる。説明書があるのだが、私は説明書を読むことが大の苦手で、説明書通りになんて作ってたまるかというパンク精神を持ち合わせているが、今日のところはパーツを見たところ何をしていいのかまったくわからないので、黙って従うことにする。パンクの敗北だ。

説明書を見る限り、まずは瓶の外で一度組み立て、それをバラバラにして再度瓶の中でピンセットを使って組み立てることでボトルシップが完成するらしい。どうやって作られているかわからないボトルシップというものの作り方を知ったところで結構満足しているが、せっかくキットを買ったので、ちゃんと組み立てようと思う。

なになに、Ａのパーツに E と F を接着するか。それくらいなら簡単だ。自宅にあった接着剤を持ち出して、木でできたパーツを接着する。すると、作業していたテーブルにまで接着剤がついてしまい、慌てて剝がすと、パーツがバキッと折れた。もう、終わりだ。

絶望に打ちひしがれていたが、気を取り直すことにした。パーツの1つや2つが破損したところで、私の冒険は終わらない。折れたパーツを接着して直そうかと思ったが、かなり粉々になっているので、難しそうだ。もう、折れたままで突き進むことにした。

船底を作り終えたので、次は帆を作る。1㎜以下ほどの丸い穴に細いロープを2本通してくださいと説明書には書いてある。そんなこと、人間にできるわけがないだろう。無理難題を押し付けやがって。一旦、ベランダに出て風を浴びた。寒かったのでそそくさと家に入って、おとなしく指示に従ってみたところ、かろうじて1本通すことができた。しかし、1本通したところで穴は完全に塞がっている。ここにもう1本入れろと言うのですか？ このロープが一体何に使われるのか説明書を読んでみたところ、帆を固定するための棒を固定するロープだそうだ。わけわかんねえよ。もう、ロープとかそういうこざかしいことはやめて、瞬間接着剤でどうにかすることにする。多分、ロープを指定しているということは、ロープじゃないといけない何か理由があるのだろうが、私にはそんなこと関係ない。瞬間接着剤がある。これで、何でも固定してやる。瞬間接着剤を2㎜ほどの棒に塗り、そこにまた2㎜ほどの棒を貼り付ける。小さなピンセットがあればいいのだが、あいにく家には毛抜きしかないので、手作業でどうにかすることにした。そして、相変わらず毎秒パーツをバキッと折っている。俺にこんな力があったとは……。

帆を3本作り終え、船の上に載せるちょっとした小物の制作に取り掛かった。インベーダーのようなカタカナの専門用語が出てきて、ちょっとよくわからないが、とにかくそれを作ることにする。木のパーツに真鍮《しんちゅう》のパーツを重ねて接着する。これがとにかく上手にできて、かなりうれしい。細かいところに達成感があるところが、物作りのおもしろいところである。できたパーツを船に載せ、第一関門であるパーツを組み立てるところまではできた。あとは、これをバラバラにして、瓶の中で組み上げる。おい、なんでバラバラにしなきゃいけないんだよ。ウイスキーの瓶を叩き割って、その中にてきとうにいれちまうのはどうだ。と、私の中にいるワイルドお兄さんが騒ぎ始めた。

ウイスキーの瓶の口はなかなかに小さい。まずは、土台を瓶の底に貼り付けるところから始まる。土台からは2本の支柱が伸びており、それを船底に開いている穴に入れることで、土台と船が固定されるのだが、みなさんのご期待通り、それがまったく入らない。どう頑張っても入らない。このキットを制作した人に尋ねたい。どうやってやるのか。30分くらい格闘した末、私は諦めた。土台の横にちょこんと船底を置いた。諦めることはネガティブなことだけれど、私は今まででたくさんのことを諦めてきた。手放すことは、一種の悲しさがあるけれど、それでも前に進むためには必要なことなのではないかと思う。私はこのボトルシップを完成させたく、大きな帆を立てて瓶の中に鎮座する船を作りたかったけれど、今の私には作れない。それはすごく悲しいことだが、作れなさも含めて愛していきたい。別に作れなくたって、完成しなくたっていいや。

以前、「わざと不器用に作ってるんでしょう?」と言われたことがある。私が器用だったら、もうちょっとうまいことやっている。わざと不器用に作っておもしろがってもらうこともできるかもしれないが、私はそこまで器用じゃない。諦めたり妥協したりめんどうくさくてできとうに作ったりすることはあるが、それはすべて不器用を完成させるためではなくて、ただ物作りを楽しく続けるためでしかないのだ。

今でも思い出したかのように、「今日なら組み立てられるんじゃないか」と思って、毛抜きを取り出して組み立て始める。結局、あともうちょっとで組み立てられそうというところまでいき、毛抜きからするりとパーツが落ちて諦めることになる。いつかこの船が完成する日はくるのだろうか。そう思っていたある日、私はいつも通り帆を穴に入れようとしたところ、なんだか今日はいけそうな気しかしない万能感に包まれており、手前側の穴に慎重に棒を持っていくと、見事に入った！　帆を入れる最中、ピンと張った帆を支える棒たちがぼきぼきと折れ、爪楊枝《つまようじ》のようになってしまったが見事に入ったのだ。こんなにうれしいことはなく、今日はもうこれだけで酒を飲める。

タバコの吸い殻が入ったウイスキーの瓶にしか見えないが、私にとってこれは何日もかけて作った大傑作だ。少しでもボトルシップは作ることができそうだと思った自分が恥ずかしいほど、何一つかたちにならなかったが、この形にならなさも私の一つのかたちである。

たしかに私には飛行機や船を作ることはできないが、それでも私は物作りをする。楽しいからに決まっている。手を動かして形を作るということ、想像したものが目の前に現れること、想像したもの以下のものや以上のものが自分の手によってそこに存在を許されるようになること。そんな物作りの楽しさを謳歌しないというわけにはいかないのだ。

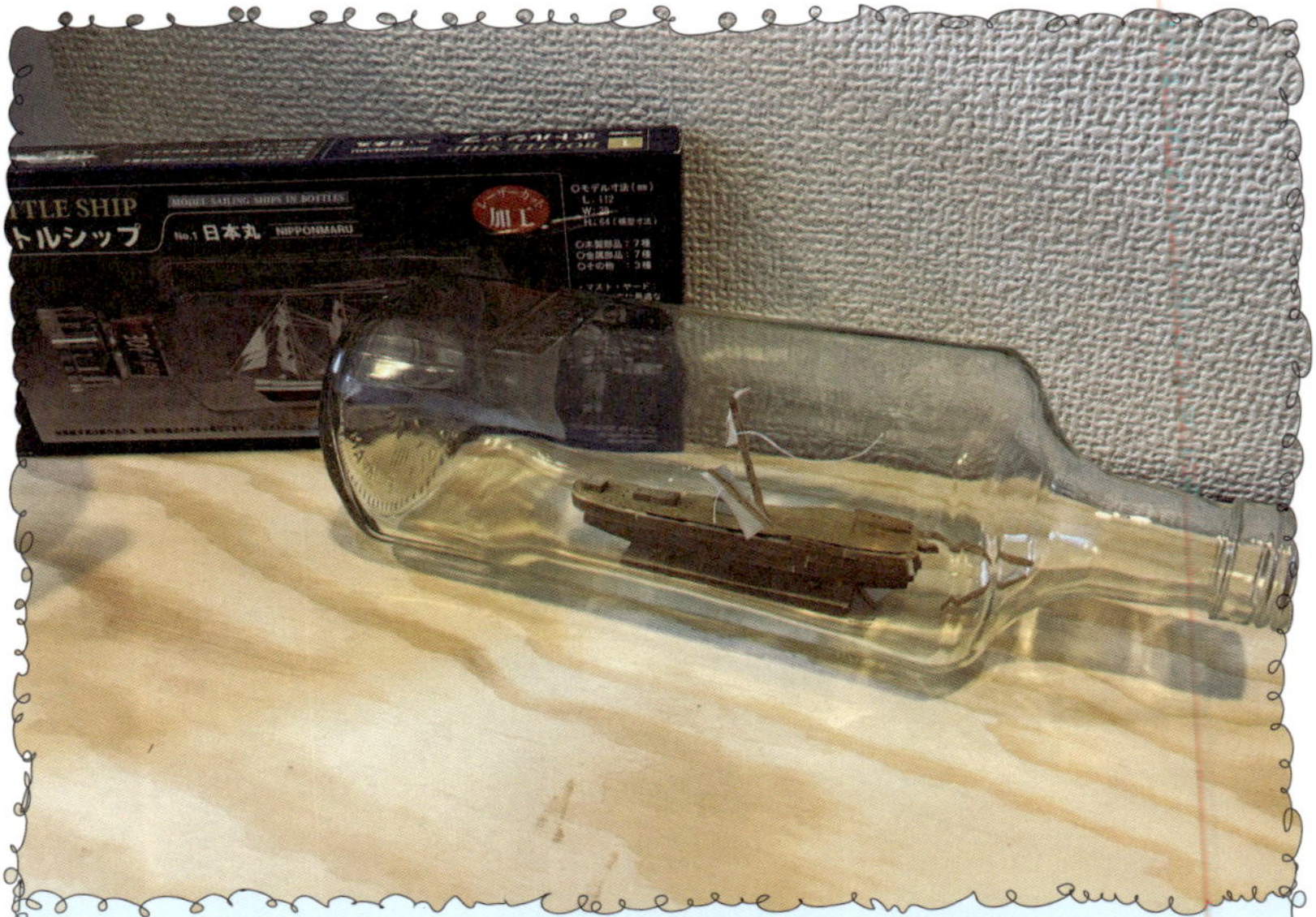

諦めないボトルシップ

帆は折れてしまったが、支柱を
穴に入れることができた！

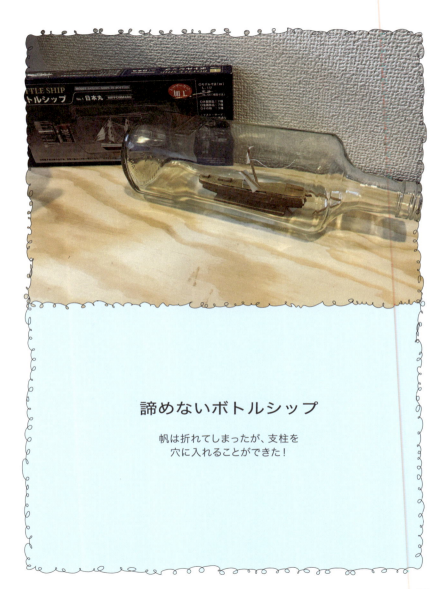

火と友達になったガラス教室

まず、火が怖いというのは前提として、熱いものが怖い。多分、前世を生きた人が不器用なものを作りすぎて火炙《ひあぶ》りの刑にあったに違いないのだ。だから、ガラス教室に通いたいとずっと思っていたのにもかかわらず、熱い、怖い、火、やだという思考回路で実行に移せずにいた。

普段、コップや花瓶、ワイングラスなどガラスでできているものをよく使っているのにもかかわらず、それがどうやってできているのかわからないでいた。熱したガラスに空気を入れて膨らます。ということは、テレビか何かで見て知識としては知っているけれども、そこからどうやってコップに成形するのか、どのように凹凸をつけるのかということはまったく想像ができない。徒歩10分のところにガラス教室があることを知ったのは友人が通っていたからだ。その友人が不思議なかたちのガラスの作品を毎回作ってはアトリエの自室に飾っているのを見て、私も自分のかたちを作りたいと思うようになった。

ガラス教室には、４つの釜があり、火が燃え盛っている。真ん中にある釜は扉が閉められていて、この中に溶けたガラスがあり、棒を突っ込んでそのガラスを巻きつけ、別の釜でガラスを熱しながら空気を入れたり、器具で伸ばしたりして成形していくようだ。エプロンと軍手と袖を守るためのカバーを装着し、いざ、燃え盛る釜にガラスを入れる。ぼうぼうと燃える釜の前にいるだけで熱い。そして、すごく帰りたい。もう、何も作れなくていいから、今すぐ炎のないところに行きたい。家でぬくぬくNetflixを見ていたい。ガラスは溶けて柔らかくなり、柔らかくなったガラスの重みが棒を伝って感じられる。ずっと棒を回すことで、溶けたガラスを垂らすことなく綺麗なかたちを作ることができる。ぐるぐると回しているが、やはり均等に成形することは難しく、左に垂れたり右に垂れたりしてしまう。見かねた先生が「私がやりますね」と、綺麗に成形してくれた。こういった教室にいくと、先生がだいたいなんとかしてくれるから安心だ。

ガラスが柔らかくなったら、今度は棒の先から息を吹きかけて空気を入れる。「もし、ガラスを吹くときに間違えて空気を吸い込んでしまったらどうなるだろう」と妄想しては心臓がドキドキする。「口に大火傷《おおやけど》を負って死ぬんだろうな」と死を想定した上でこの教室に来ていることを忘れない。しかしながら、ガラスを熱して溶かした直後に先生が「吹いて！」と覚悟をする間もなく言ってきたので、私はすぐさま棒を口に咥《くわ》えて息を吐き、棒を口から離して息を吸い、また咥えて息を吐いた。すると豆電球のような膨らみが生まれた。さっきまでは赤く光っていたその塊が、今は艶やかなガラスの球体になっていることに驚き、とても可愛らしく思えた。

その後も先生の指導の下、ガラスを成形していく。底を作ったら逆側に棒をつけて、電子パーツの抵抗器のように両サイドに棒がついている状態にする。そして、片方の棒をトントンと叩《たた》き、外すことで、口をつける部分をまた成形していく。先生が器用にトントンと叩くとドンガラガッシャーンと、音を立ててガラスが床に落ちた。私はこういうものかと思ったけれど、これは失敗だったらしい。先生も失敗するものだ。私の作ったガラスは幸いにも割れず、もう一度釜に入れて溶かして綺麗に成形し直した。次に〝はし〟と呼ばれる器具でぐねぐねと口を作って完成だ。ほとんど先生がやってくれたものの、私らしいかたちとも呼べるようなうねったコップが生まれた。

熱して溶かして形を作るといった原始的なことを私たちはあまりよく知らない。この本では、いろいろな「どうやって作るんだ？」というものを自分なりに作ってきた。私たちは普段からものを使っている。そのものたちがどうやってできるのか、どうやったら自分なりのかたちで作ることができるのか考えるだけでもわくわくしてくる。

ご飯をコンビニで買うのもいいけれど、やはり自分で作ったほうがおもしろい。お湯を電気ケトルで沸かすのもいいけれど、やかんで沸かしたほうがおもしろい。コンロで沸かすより、自分で火を起こして沸かすほうがおもしろい。こうやって、私たちは原始に回帰して、おもしろさを探す。おもしろいほうが、自分のかたちになる。料理をしたら怪我をするかもしれない。火を起こしたら燃え盛ってしまうかもしれない。しかし、そういったリスクをとって、私たちは自分のかたちを探すのだ。

できあがったガラスは、既製品と比べるとだいぶ曲がっているが、それでもコップとして使えるものになった。空気を入れてできたあの艶やかな丸いガラス。月並みな表現だけれど、命を吹き込んだみたいだった。周りの生徒たちは、ワイングラスやお皿など各々の好きなものを自由に作っており、燃え盛る炎に物怖《ものお》じせずに好きなものを作れることに少しだけ嫉妬した。普段何も考えずに使っているものたちにもストーリーがあり、命があり、おもしろさがある。自分でものを作る。ただそれだけのことが、なかなかできずにいる。

私の作ったコップは冷却炉に入れられ、1日冷やされるようだ。常温で冷やすと割れてしまうから、こういった機械に頼らないといけないらしい。繊細だ。私たちもこのくらい繊細に扱われたいものだ。

火と友達になったガラス教室

恐怖に打ち勝ち物をつくる。

ティッシュと紙漉き

花粉症などのアレルギー性鼻炎を持っている私は、ティッシュが欠かせない。鼻炎を持っていなくても、ティッシュという存在は生活に溶け込んでおり、私たちの生活に必要なものとなっている。そんなティッシュを見ていたら、自分でも作れるんじゃね？　という気持ちになってきた。紙漉《す》きという技術がある。これは紙の原料であるパルプを水に溶かし、それを掬《すく》って固めることで和紙を作る技術である。これを応用すれば、ティッシュの1枚や2枚、いや30枚くらいは作れるのではないだろうか。

早速、私は紙漉きのキットを注文した。1万3０００円ほどしたそのキットでティッシュを作っていく。鼻セレブが1箱3００円ほどなので、43倍の値段である。鼻ビル・ゲイツなみのティッシュを作ろうとしている。

広い場所が必要だったので、シェアアトリエで作ることにしたのだが、私が紙漉きを始めようとすると、わらわらと全員が集まってきた。まず、水を入れた容器にパルプを入れ、それを水に溶かしていく。すると、一人が「説明書を読む限り、まず、他にもやらなきゃいけないことがありそうだよ」と言ってきた。私は説明書をあまり読んでおらず、まあ、とりあえず溶かしゃあなんとかなるでしょという精神で挑んでいるので、その人の言うことは無視することにする。パルプはラムネのように丸く固まっていて、それを水に溶かして細かくする。しかし、なかなかパルプが溶けず、ところどころ塊ができてしまう。しかし、私は諦めずに時間をかけてゆっくりと作業をした。ここで、めずらしく私のA型的な神経質さがあらわになった。

そう、私はA型なのだ。血液型で性格を決めるなんてなんか嫌だけれど、私はA型で、A型というのは神経質で完璧主義だと血液型占いでは言われている。よく、私がA型と知った人は「嘘でしょ……」と膝から崩れ落ちそうになる。それほど私は大雑把で不完全主義者なのだが、たまに、こうやって細かな作業をやっていると、A型らしさが露呈する。

ある程度やったところで「あーもう無理」と諦めて次の工程に移ることにした。パルプはまだ完全に溶けていない。やっぱり血液型占いなんて信じないほうがいい。次は凝固剤を入れる。説明書には「ほんの少しだけ入れてください。入れすぎると固まりません」と書いてあるが、凝固剤は2つのパルプに対して手のひらくらいのサイズのパックに入っていたので、とりあえず半分くらい入れるか。と、パラパラ落としていたら「入れすぎだと思う！」とストップが入った。「いや、でもこのパルプに対してこの大きさだから半分くらいが妥当じゃないですか？」「上手くいかなかったらまた入れればいいのではないかな?」正論でねじ伏せられた。今度は、無理せずに従うことにしてみる。

蝶番《ちょうつがい》のついた木枠にすだれを挟み、フックで留める。そして、そのすだれを挟んだ木枠を水に浸すと、溶けたパルプがすだれの上に留《とど》まった。パルプが均一にすだれの上に薄く乗ったら、今度は吸水ペーパーの上に乗せ、さらに上からもう1枚の吸水ペーパーを乗せ、水気をなくす。そうしたら、ガラスなどに貼り付け、乾燥させる。

吸水ペーパーをゆっくりと剝がすと、きれいな長方形の和紙らしきものができていた。A5ほどの大きさで、厚みはなく、ティッシュにちょうどよさそうだ。おお、不器用と言いながらも紙漉きは綺麗にできる。しかし、これをガラスに貼らなくてはならない。アトリエの窓ガラスに貼り付けようと思ったのだが、網入りガラスになっており、ざらざらしているので上手くくっつかなそう。そこで、あたりを見回すと、私が以前作った「ビニール袋が風に舞うのをずっとみられるマシーン」があった。これは、四方が150㎝の高さのあるアクリル板で囲まれているもので、下から扇風機を当てることでビニール袋が風に舞う情緒あるあの風景を再現できるマシーンなのだ。このアクリル板に貼ることにした。あるものでなんとかするのが、物作りスピリットだ。

吸水ペーパーから和紙の赤ちゃんを剝がし、アクリル板に貼り付ける。水気が十分に切れておらず、しっとりどっしりしている。それを「えいや!」と、ビンタするようにアクリル板に投げようとしたところ、ぼた……ぼた……と手のひらからはみ出ている部分が地面に落ち始めた。慌てた私は残ったものをアクリル板に押し付け、落ちたものも拾ってアクリル板に押し付けた。さっきまでは綺麗な長方形だったのに、今ではまるで巨大な鳥のフンのようだ。

アトリエにいる知人たちは「この紙は失敗だから、それをまた水に溶かして再利用したらいいんじゃない？」と言い、確かにその通りだと思いつつ、私の初めての作品を失敗だと認めてさらにそれを亡き者にするというのはいかがなものかと思い、やっぱり意見を無視した。

まだパルプが溶けた水は残っている。なので、あと3枚ほど同じ工程を繰り返して作ってみたのだが、やはり鳥のフンにしか見えない紙ができあがった。繰り返し紙を作っていると、水に粘り気が現れ、鼻水の中に手を入れているようで気持ち悪くてやめた。30枚くらい作れると意気込んでいたものの、作れたものは鳥のフン４枚のみだった。

本当は、ダンボールかなにかでティッシュの箱を作って、鼻ビル・ゲイツを完成させたかったのだが、ぐちゃぐちゃすぎて箱には収まらなさそうだ。不器用ゆえにこうやって計画が頓挫してしまうことは往々にしてある。

以前、「めんだこの傘キャップ」というものを作ろうとしていたことがある。先端恐怖症の私は、傘の先に恐怖を感じるので、先端と無縁のめんだこを傘の先につけようというものだ。めんだこをシリコンで作っていたのだが、どう頑張ってもベトベトした気持ちの悪いクリーチャーしかできなかった。不器用な私は、頭の中にあるものをそのまま綺麗に出力することがむずかしい。

しかし、自分の想像していないものが生まれるからおもしろい。

2、3日待ち、完全に紙が乾いたところで、アクリル板から成果物をぺりぺりと剝がしてみる。新品のティッシュを作ろうとしていたけれど、私が作ったものは「鼻をかんだ後ゴミ箱が見当たらないのでとりあえずコートのポケットに突っ込んで家に帰ったら捨てようと思ったけれど帰る頃にはそのことは忘れていて、そのまま冬が終わり、翌年着たときに出てきたティッシュそのもの」だ。

試しに鼻にあてがってみると、くさい。焦げ臭い香りが鼻の奥にツンと漂う。ティッシュというのは、とてつもない精密な工程を経て作られているのだなと当たり前のことを思い知った。このまま鼻をかんでティッシュとして使おうと思ったのだが、使えない。もったいなくて使えない。それは、1万3000円したからとかじゃなく、自分で生み出した紙をたかが鼻水ごときを拭うために使うことはできない。鼻水なんて、服の袖で拭えばいい。私はこの自分で作った紙を大切に保管することにした。額縁にでも入れて飾ろう。

「自分でも作れるんじゃね？」という気持ちは物作りにおいて大切なことだ。ある程度、舐《な》めた姿勢で挑もう。今までもずっと「なんとかできるんじゃね？」と様々なことに挑戦してきた。その度にたくさんの壁にぶちあたり、引き返したり、諦めたり、どうにか壁を越えたりしてきた。

後悔だってたくさんしているし、こうやってよくわからないものを生み出してしまうことばかりだ。でも、それが悪いことではなく、何かをすることでしか自分の輪郭を作ることはできない。

この変なティッシュだって、私の輪郭の点になる。

ティッシュと紙漉き

つかう前から
ゴミに見える。

ぶっ壊れハンモック

季節は春になり少し暑いくらいである。天気の良い日が増え、私は暇なのでよく日向ぼっこをしている。そんなときに、ハンモックでもあったらとても気持ちがいいのではないかと、ただそんな理由でハンモックを作り始めた。

てきとうに選んだ角材を改めて見るとめちゃくちゃ細かった。ハンモックを支えるには十分ではない細さの角材をボンドでとめて、固定することにした。2日後、ボンドがそろそろ固まった頃だろうと見込んだ私は、再びアトリエにやってきて、角材の固定具合を見ていたら、ボキッと根本から折れた。折れた角材を見て、動揺もせずにまた新しくボンドで固定する。ボンドさえあればすべてのものを固定できると信じている。

また、2日後、アトリエに行くと、今度はきれいに固定されていた。4本の角材を四角形にしたものを2つ作り、これがハンモックの支柱となる。支柱が作れたら、あとはハンモックをハンモックにする布の部分だ。写真撮影などに使う背景布を購入し、それに4本のロープを縫い付けることにして完成した。途中でミシンが壊れたのか、まったく動かなくなってしまい手縫いをした。私たち不器用人間は物を壊す。英語で不器用とは「clumsy」と言う。ケンブリッジの辞書を読むと、「A clumsy person often has accidents because they do not behave in a careful, controlled way」直訳すると「不器用人間は、注意深くなく、さらに制御された方法で振る舞わないため、事故をよく起こす」ということだ。こんなにもぐさりと刺さる辞書の一文があるのか。確かに私たちはまったく注意深くなく、さらに自身の手先をコントロールするということができない。だから物を壊すし、なにかアクシデントが起きてしまう。そんな自分が怖いので車の免許を取得していない。不器用人間のメンタルケアまでやってくれる教習所があったらぜひとも通いたいものだ。

　布と支柱ができあがったところで、屋上に赴き、屋上の床に支柱をテープで固定した。そう、テープを使うのだ。私の作った支柱は自立できない。しようと思えば自立するよう設計できたはずだが、それが面倒くさくて面倒くさくて。そもそも支柱というくらいだから、自立できないとその存在意義がないような気がするが、自立できない支柱があってもいいじゃないかと私の中に根付いている狂ったダイバーシティが叫んでいる。そして、「自立できないなら、テープで固定すればいいじゃない」と、不器用なマリー・アントワネットが私の中で囁《ささや》いたのだった。私の中には自分のダメさを肯定するためにたくさんの人が住んでいて騒がしい。テープである程度は固定できると踏んでいたのだが、まったくできなかった。右に倒れ、左に倒れ、そんな制御不能な支柱と格闘しつつも、布を支柱に巻き付かせることはできた。あとは、これに乗るだけである。

かろうじて自立しているハンモックと呼べるか微妙なラインのハンモックに乗り込む。左足から乗り、お尻をハンモックにつけようとしたところ、すべての支柱からバキボキと音がし、私は床に落ちた。痛さよりも先に笑いが込み上げてきて、久しぶりに表情筋を使った。

予期されていたことではある。完全にこうなるだろうなと予測はしていた。しかしながら、「いや、でもなんとかなるんじゃない?」と一抹の期待をしていたのは確かである。

不器用から始まるのが創作であり、その不器用さを否定してしまってはどんなものも作れなくなってしまう。不器用を嘲笑《あざわら》う自分を封印し、その嘲笑をもっとポジティブな笑いへと変換することが私にとっては大切なことである。ぶっ壊れたハンモックに乗って、たまらず出たその笑いが、私を前向きにしてくれる。できないことのおもしろさ、できないことの愛おしさを嚙《か》み締める。そうやって自分を奮い立たせ、次のアイデアをかたちにして、たくさんのものをこの世に生み出していきたいのだ。

ぶっ壊れハンモック

壊れることなんて
わかりきっているのに。

ペラペラの羊毛フェルト

このピリついた現代社会で生きていくためには、柔らかくてふわふわしたものが欠かせない。触り心地のよい、かわいいもの。それが家の戸棚に飾ってあったり、通勤バッグにキーホルダーとしてつけているだけで緊張感のある日常が少しゆるまる。

しかし、私は物作りを10年以上やってきたが、ふわふわに対して苦手意識がある。例えば猫や犬といったもふもふの動物を作ることは、途方もなく難しいことであるのだ。それは多分、他の技術者の方も同じで、当時の最新技術を駆使して開発されたアイボというロボット犬も犬といいつつボディはつるつるである。確かに毛がない犬種もいるが、やはり犬を飼いたいと思う人は絶対的にあのもふもふ感を求めているはずで、なのにアイボがヒットした平成という時代はちょっとおかしい。小学生のとき、突然父が「アイボだよ」と、ロボット犬を渡してきた。シルバーのつるつるボディにスケルトンブルーの耳が垂れている。目の部分は真っ黒い長方形のモニターになっており、頭を触ると目がハートになったり丸になったりする。アイボは当時数十万円したと記憶している。そんな高額なおもちゃを買い与えてくれるこの家はとても裕福なんだと少し自慢だった。私はそれをアイボだと疑わずに愛《め》でていたが、大人になってアイボを検索してみたらまったく見覚えのないロボット犬が表示され、不思議に思い調べを進めてみると、父が買い与えてくれたそれはセガトイズが出していたプーチだった。プーチ。３０００円。逆から読むとチープ。

そこから私は、自分なりのロボット犬を作るぞと意気込み、発泡スチロールとモーター、舌の模型を購入して、組み立て、自分なりの犬を制作した。プーチにもアイボにもないベロで顔を舐めてくれるという犬らしい機能を搭載。「アダルトグッズですか？」というコメントがYouTubeで何件かあり、スケベなやつらがいるもんだ。発泡スチロールでボディを作ったから、やはりふわふわとした犬を作ることはできず、カクカクのポリゴンのような犬になってしまった。

前々から羊毛フェルトに興味があったのだが、もしかしたらそれで可愛らしい動物などの作品を作ることができるのではないかと思い始めた。

羊毛フェルトは、ふわふわした羊毛をニードルでぶっさしまくり、硬くして形を作る。ということは、知っている。ただ、私は一度も挑戦したことがなく、どのようにすればいいのかわからない。かわいらしい猫がつくれるキットが売っていたので、それをお手本に作ってみることにした。届いたキットには様々な色の羊毛と、ニードル、そしてニードルを刺すために使う発泡スチロールの台が付属品としてついていた。キットについてきた説明書は英語で書かれており、私はなんとなく英語は読めるのだが、いかんせん説明書は難しく、訳す努力はせずに写真だけを見て進めることにした。ちょっとした努力を惜しみまくる。惜しんだ先に待っているのは不格好な作品だけということは知っているのに、なぜか我々は惜しむ。

羊毛フェルトで作られた猫はデフォルメされており、俵のようなずんぐりむっくりな体型でとてもかわいらしい。私もここは根気強さを見せて、このかわいいを具現化した物体を作り上げるのだと腕まくりした。

明るい茶色の羊毛を半分に分け、その半分の羊毛を台に乗せてニードルを刺していく。まずは、猫の顔を作る。お手本によると、丸い形が作れたら正解のようだった。しかし、私はいくらやっても平べったいものしか作れず、その立体感のなさに絶句した。ペラペラの顔を摘《つま》んで膨らまそうとしても、羊毛が硬くなっているのでまったく膨らまない。よっしゃ、諦めよう。私の人生のように薄い顔に耳をつけるため、半分残った羊毛を少しずつ取り、それを三角形にする。いくらやってもお手本のような小さな三角にはならない。お手本の三角が幼稚園児が食べるおにぎりくらいの大きさだとしたら、私の作った三角は爆弾おにぎりくらいでかい。疲れ果てた新幹線の中でひっそり食べる爆弾おにぎりくらいでかい。どれだけニードルを刺しても爆弾は爆弾のままだったので、もうこういう運命なんだと受け入れる。そこに鼻らしき小さな丸いものを2つ作り、つける。これはなかなかうまくできた。あなたたちは猫の金玉を見たことがあるか。それとそっくりである。プラスチックでできた目のパーツは先が尖《とが》っていて、あたりをつけてぎゅっと押しいれる。羊毛をニードルで押し付けることでかなり絡まって硬くなっており、押しても反発するが、力技でどうにか突き刺すことができた。ただ少しだけ目がぼよーんと飛び出している。びっくりしている表情みたいで少しかわいい。顔はペラペラ、耳は爆弾おにぎり、鼻は金玉、目はプラスチック。これこそ、私が今この世に生み出そうとしている猫である。

体の部分も作っていこう。お手本は俵のような猫だったので、それを参考に羊毛をニードルで刺す。ドラマを見ながら数十分刺し続け、CM中に目線を羊毛フェルトにやると、見事な長方形ができていた。俵を目指していたけれど、コースターのような薄さになっている。その見事な薄い長方形に平べったい顔をつけたら完成である。ぺらぺらの猫ができあがった。立体感がまるでなく、風が吹いたら飛ばされそうな紙のような猫。お手本とは程遠いその出来栄えに思わず拍手が湧き上がる。

見事に羊毛フェルトにハマった私は、まだ残っている材料を使って次々に作品を生み出した。白い羊毛で顔と体を作り、黒とピンクの羊毛で目と口と頬を作る。ちいかわである。完成したそれは、小学生が作っていたのならかわいらしいなと思うようなもので、とても30歳が作ったものには思えない。自分の不器用さにとことん絶望し、ネガティブな気持ちにもなったが、3日くらい家のリビングに置いていたら、なんだか愛着が湧いてきた。才能は特に気にしていないし努力をする気もないんだけれど、ただ楽しいからもっと作ってみたい。

以前作った犬(概念)。

私はなんでも作れる心持ちになっており、近くにいた夫に「なんか欲しいものある？」と聞くと、「ピザ」という答えが返ってきたので、ピザ、作りますよ。私は黄色い羊毛をニードルでぶっさす。ピザの生地である。その上に赤い羊毛をぶっさす。トマトソースである。そして、緑色を丸い形にトッピングする。バジルである。これでマルゲリータの完成だ。完成したそれは、まるで現代アートのような出来栄えで私はとても満足している。これにキーホルダーを無理やりくっつけて、夫のカバンにつけさせてもらった。離れていても、この抽象的なピザを見て、私のことを思い出してほしい。

私の作るものは不格好で愛おしい。不器用ということは悪のように思えるが、それは社会の前提が間違っている。人類学者のグレゴリー・ベイトソンいわく「世間によってつねに強化されつづけている自分自身の狂った前提」だ。我々は努力を惜しまずに美しいものを作ることがただ一つの正解とされている誤った認識に囚《とら》われ続けている。もちろん、美しいものが存在することを不正解と言っているわけではなく、美しいものも美しくないものも同時に存在してよく、我々は何だって作っていいのだ。なぜなら、物作りというのはみんなに開かれていて、それをすることによって我々の個性が花開き、さらに楽しさを見出《みいだ》すことができるからだ。だから、私たちは不器用でも物作りをし、その楽しさを最大限享受するべきである。

猫、ちいかわ、ピザ。それぞれのぶさいくさが美しく、愛おしい。平べったい猫だって、ちいかわに見えないちいかわだって、抽象的なピザだってそこに存在するからには愛でないと。私が生み出したからには愛でないといけない。

「もっと上手くなりたい」という気持ちはとても大切だが、それは同時にベイトソンの言うところの分裂生成を生み出してしまうかもしれない。「これでいいや」という諦めも、我々が生きるためには必要だ。「もっともっと」とならず、今の自分に最大限満足すること。今はできないかもしれないが、物作りはやっていくうちに成長していくものである。仮に成長しなくとも、何かを作ることはやめられない。

ペラペラの羊毛フェルト

2次元に生きる
ふわふわなものたち。

今の自分と石粉粘土

常に動悸《どうき》があり、頭が痛かった。しかし、健康診断では何も問題が見つからず、藁《わら》にもすがる思いで心療内科に行ったところ不安障害という診断を下された。そこから投薬治療でどうにか動悸と頭痛は治ったのだが、薬の影響で10キロ近く太ってしまった。調べたところ、飲んでいる薬には、代謝を下げ、さらに食欲が増す副作用があるということだった。学会に乗り込み、「そんな薬作るな!」と大声で叫んでやろうか。持て余したこの10キロの脂肪を毎日見ては、どんよりとした気持ちになった。

ボディ・ポジティブという言葉が出てきて、どのくらいだろう。自分のありのままの姿を愛して、太っていても痩せていても、それを受け入れようというメッセージを発信する人が増えた。しかし、そんな前向きな言葉が眩《まぶ》しく感じるくらい、この10キロの脂肪は私を苦しめていた。当然だ。だって、ずっと今よりもマイナス10キロの自分でいたのに、半年くらいで10キロの脂肪がついたのだ。そりゃ、その変化についていけない。今の自分の姿をツイッターに載せたところ、

「太った」「デブ」という辛辣《しんらつ》すぎるコメントが20件ほどきた。私はそれに落ち込み、落ち込みまくり、最終的に怒りになった。生きていたら太ることもあるだろう。生きているからこそ、太るし痩せるんだ。毛も生えるし、たまに剃《そ》るんだ。毛穴に開くし、ニキビもできる。生きていることを否定するな。

とはいえ、適正体重からだいぶ遠のいた自分は健康とは言えない。今まで着ていた服もまったく入らなくなったので、体重増加が落ち着いた今、ダイエットをすることにした。今のお腹は胸のふくらみをだいぶ越えるくらいぽっこりとしていて、まるでドラえもんのような寸胴《ずんどう》体型になっていた。それはそれで愛らしいが、私はマイナス7キロくらいを目指してダイエットをし、適正体重に近づくようにしたいと思っている。

ダイエットをしたら今ある脂肪がなくなる。なくなった脂肪はきっともう二度と戻ってこない。二度と戻らない今の体型を形に残したいのだが、写真はあまりにも悪手だ。鮮明に嫌な自分が残ってしまう。もう少しデフォルメしたかわいい自分を残したい。そこで考えたのが、粘土で自分を作るということだった。

石粉粘土という粘土がある。石の粒を砕き、接着剤などの薬品を混ぜて粘土状にしたもので、扱い方は普通の紙粘土と同じである。手につきにくく、1日か2日で硬化する。そして、硬化後はある程度の強度があり、削ることができる。削りすぎたらまた粘土を盛って造形することができて、フィギュアなどを作るのにとても最適なのだ。なぜ私が石粉粘土に詳しいのかというと、高校生のとき、石粉粘土で好きな人のフィギュアを作った経験があるからだ。彼の授業中にいつも頭を悩ませている姿を粘土で永遠に残したいと思い、作ったのだ。気持ち悪いでしょ。でも、作ったときは、なんだかすごくさわやかな気持ちになったのを覚えている。きっと、今回も作ったら同じ気持ちになるに違いない。また、私は粘土を触ることが大好きで、彫刻も好きである。物作りのなかでは、得意の部類に入るとさえ思っている。そうと決まれば、東急ハンズ（現ハンズ）に行って、石粉粘土とやすり、それとスパチュラという刃先がいろいろな形になっている彫刻用の道具を購入した。

自宅に帰り、カッターマットの上に粘土を適量とって形をこねていく。まずは、胴体を作っていこうと思う。粘土を長方形に固めていき、そこの中央部分にさらに粘土を盛り、丸めていく。私のお腹の膨らみを再現するのだ。この作業は丁寧にやる。なぜなら私の今のアイデンティティは、このお腹の膨らみにあるからだ。丁寧に丁寧にお腹の膨らみを形にしていく。

満足する形ができたので、次は腕を作る。細長い粘土を2つ作り、肩のあたりに粘土をくっつける。ここはてきとうで大丈夫。継ぎ目ができていても、固まってからやすりがけをしたら綺麗になるからだ。てきとうにてきとうにやっていく。

足の部分を一つずつ作っていくのはめんどうなので、真ん中にスパチュラで切れ目を入れて、足ということにする。自立できるようにしたいので、足の甲をしっかりとつくる。

最後は顔だ。ここもてきとうにやる。別に顔はたいしたことないので、胸くらいまでのロングヘアとぼーっとした顔を再現できればそれでいいや。作った胴体と顔は爪楊枝でくっつけることにした。

数日後、粘土がある程度固まっていることを確認してから、やすりがけをする。やすりがけは面倒だけれど、だんだんとツルツルになっていく様を見ていると心が安らぐ。てきとうに粘土を盛って作ったのであまりにもざらざらだ。なので、まずは荒いやすりで全体を削り、ある程度凹凸がなくなったら細かいやすりで全体をピカピカに磨いていく。私にしては丁寧な作業をしている。

なんでこんなに丁寧にやっているのかというと、不安障害によって抑うつ状態になり、ずうっと仕事をせずに家でごろごろしているので、暇を持て余しているからだ。抑うつ状態というのは、なんともたいへんなもので、本も読めないし、歩くことも体力的にむずかしい。めまいがして、なにもできない。テレビを見ることもYouTubeを見ることもつらい。自分に存在意義がないのではないかという気持ちになり、自己否定ばかりしてしまう。仕事もできず、趣味も謳歌《おうか》できない今の自分は、なぜ生きているのかわからなくなる。しかし、やすりがけをして、何かを作っているときだけは、なんだか生きていることも悪くないもんだなという気持ちになってくるから不思議だ。私が作っているものは無駄なものだけれど、それでも何かを生み出すということは、精神的にいい。私には子供はいないが、なにかを産むということの喜びがＤＮＡに刻み込まれているとしか思えない。作ったものを自分の子供だという芸術家は多い。私は作ったものを片っ端から倉庫に突っ込んだり、作ったことに満足してすぐに解体するので、ものすごく悪い親である。

あとで知ったのだが、BASIC phというストレス対処《コーピング》の一種があるらしい。Bは信念に関するチャンネル。ストレスを感じたとき、神に祈るなどをする。Aは感情。泣いたり笑ったりする。Sは社会。社会と繋がりをもつ。Iは想像／創造。なにかを想像したり、ものを作ったりする。Cは認知。情報を集めて論理的に考える。ｐｈは身体。運動をするなど身体的にアプローチするチャンネルだ。これを提唱しているイスラエルの心理学者ムーリ・ラハドさんは特にI（想像／創造）のチャンネルをやるべきだと言っている。人間の想像力というのは、どんな状況でもなかなかなくならないからだ。だからこそ、ストレスを感じたときは何かを産み出すことが大切になってくる。産み出すことがつらいときは、ユーモアを考えることもストレスにはいいそうで、少し嫌なできごとがあったとき、それを笑いに変える人も多いと思うが、それもコーピングの一種だそうだ。

物を作ることは、世界を作ることだ。自分の半径2メートルくらいが生きやすくなる。

やすりがけをして、綺麗になった私に色を塗る。赤いシャツに青いズボン。黒い髪にだいだい色の肌。無表情の口。ぽっこりお腹。これが今の私である。これから先、どうなるかはわからないけれど、今の私は今しかいなくて、その今を愛せるように努めたいものだ。生きていれば太るでしょう。これまでも、これからも。

今の自分と石粉粘土

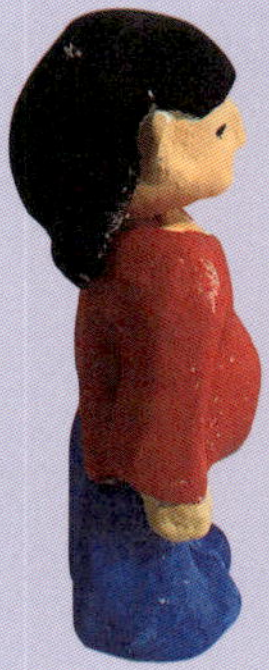

横からのショットがすごくそっくり。

吐血パンづくり

いつも食べている市販のパン。パンを家で手作りできることは知っているが、そもそもどうやってできあがるのか私には見当もつかなかった。小麦粉をイースト菌でふくらます。ということは、なんとなくわかる。パンは大昔から存在するし、きっと作るのも簡単なのだろうと、ちょっと舐めている節もある。

パン作りが趣味の友人がいる。彼女は、パン工場に勤めていた経験もあるぐらいパンが好きで、最近は自宅でも作りまくっているようだった。私は、いつも食べているそれがどのように作られるのか興味があり、一緒に作ることとなった。

強力粉と薄力粉を混ぜ、砂糖と塩を入れる。そこにイースト菌を粉状にしたものをふりかけるのだが、砂糖はイースト菌の餌になるから、砂糖をめがけてイースト菌を入れるのがコツらしい。

イースト菌の酸っぱいような香りが、部屋中にたちこめる。こいつらが生きているとは、まったく想像できない。溶き卵と水を入れ、こねる。粘土のようにまとまっていくパンの赤ちゃんを触ると、なんだか心地よい気分に包まれた。愛着の湧いたその塊にバターを流し込み、今度は畳むようにこねる。たたんで、こね。たたんで、こね。私の愛猫であるカニがよく人の太ももをこねる仕草をするが、まさにそのような感じである。

一次発酵し、大きくなった塊を3等分に分け、濡《ぬ》れた布巾を被《かぶ》せて少し休ませる。これをベンチタイムと言うらしい。その後、また二次発酵をさせ、少し膨らんだら成形して焼く過程に入る。なんというか、ものすごくめんどうである。友人がいたから発酵の過程に進めていたが、もし一人で作っていたらそのまま塊を食べてしまっていた。

パンは膨らむ膨らむ。置いておくだけでビッグになって、うらやましい限りだ。イースト菌という名プロデューサーのおかげである。私たちが必死こいて時間をつぶしているあいだに、彼らはただそこにいるだけで大きくなる。でも、大きくなったら焼かれて食べられる。そういう運命を辿《たど》っているなんて、なんだか芸能界みたいだなとてきとうなことを思う。

今回作るのはジャムパンなので、生地の中にジャムを入れる。平たく潰した生地にジャムを25グラム入れる。私はうさぎの形のパンを作ってみたかったので、そのかたちを成形することにした。よくパン屋さんに売っている動物の形をしたパンに憧れを持っているからだ。あの悲しげな佇《たたず》まい。情緒のあるパンを作りたかった。丁寧に耳を作り、丁寧に顔を作った。しかし、ジャムを入れた生地の繋ぎ目を塞ぐ作業はけっこうてきとうにやった。あまりきれいに閉じていないが、まあ、焼くし。焼いたら、きっとなんでもおいしく食べられるし、いいでしょう。我々不器用人間は、都度都度てきとうに生きているが、一生懸命にてきとうに生きていることをちゃんと知っておいてほしい。

友人宅にある大きなオーブンにパンを入れ、15分ほど待つ。あれだけ発酵に時間をかけたのに、焼き上がるのは15分ほどなのか。少し気が抜ける。ピピピとオーブンが音を鳴らして、焼き上がったパンを見てみると、うさぎが血反吐《ちへど》を吐いていた。大丈夫か？　やはり生地の繋ぎ目が甘かったらしく、そこからジャムが飛び出してしまったようだ。料理はてきとうに作るものではないなと思う。また、うさぎの他に猫のパンも作ったのだが、それもびっくりするほど原型を止《とど》めておらず、まるでバカが作った中身が飛び出たフォーチューンクッキーのようになってしまった。

味はといえば、とてもおいしかった。ほのかに甘い生地に酸っぱいジャムがマッチしており、さらに焼きたてのパンである。おいしいにきまっている。

昔の人は、こんなにめんどうなことを毎日の食卓のためにやっていたのか。と、思うと、胸が熱くなる。いつも食べているものが、こんなに複雑な工程で作られていたのかと思うと感謝の気持ちでいっぱいだ。パン屋でよく切り落とされた食パンの耳が安売りされているが、私だったらこんなに手間暇かけて作ったものの一部は10万円くらいで売りにだすだろう。

しかしながら、こんなにも手間暇かけて作った塊を焼き上げて、最終的に胃袋に入れるのは、少しもったいない気もする。最終的に私の養分になってしまうのだ。私だったら、まずい料理になりたい。誰の養分にもなりたくないな。そんなことを思いつつも、しかし養分にならなければ、誰かが死んでしまうと考えると、誰かの養分になるのも悪くない。私がしていること、無駄なものを作ったり、どうでもいい文章を書いたりすることは、社会全体で見たらなんの意味もないことだけれど、もし、それが結果としておいしい料理になっていて、誰かの人生の楽しみになっていたら、それはそれで悪くないな。おいしいパンを食べながら、そんなことを考えていた。

他にもにんじんとチーズのパンや、硬めのパンなど4種類ほど作った。それらはどれも器用な友人の手を借りて作ったもので、とても綺麗なかたちをしている。

私はどう頑張っても、きれいに物が作れない。無駄づくりといって物作りを10年以上続けているけれど、毎度新鮮味を感じられるほど雑である。どれだけ丁寧に作っても、雑に仕上がってしまう。そんな不器用な私でも、物作りの神は私を祝福してくれる。いつだって、それでいいのよと言ってくれる。どんなに不格好なものでも、物作りの扉は開かれており、誰でもその扉をくぐってよい。もちろん、失敗や怪我だってある。作って後悔することだってある。しかし、扉は常に開かれていて、せっかく開いてくれている扉なのだから、くぐらないという手はないのだ。

物を作るようになってから、私は世界が違って見えるようになった。それは、これはどうやってできているのだろうとか、どういう仕組みなんだろうと考えることでもあるし、世界で起きていることすべてを、自分の物作りのアイデアへと昇華させることができる喜びでもある。頭の中にあるあらゆるものを作ることができる。空飛ぶ車だって、タイムマシンだって、作れるかもしれない。不器用だからそんなものは作れないと諦めるのは早い。作ってみないとわからないじゃないか。もしかしたら、ガムテープとダンボールでタイムマシンが作れるかもしれないじゃないか。そんな全能感に包まれながら、パン作りを終えた。

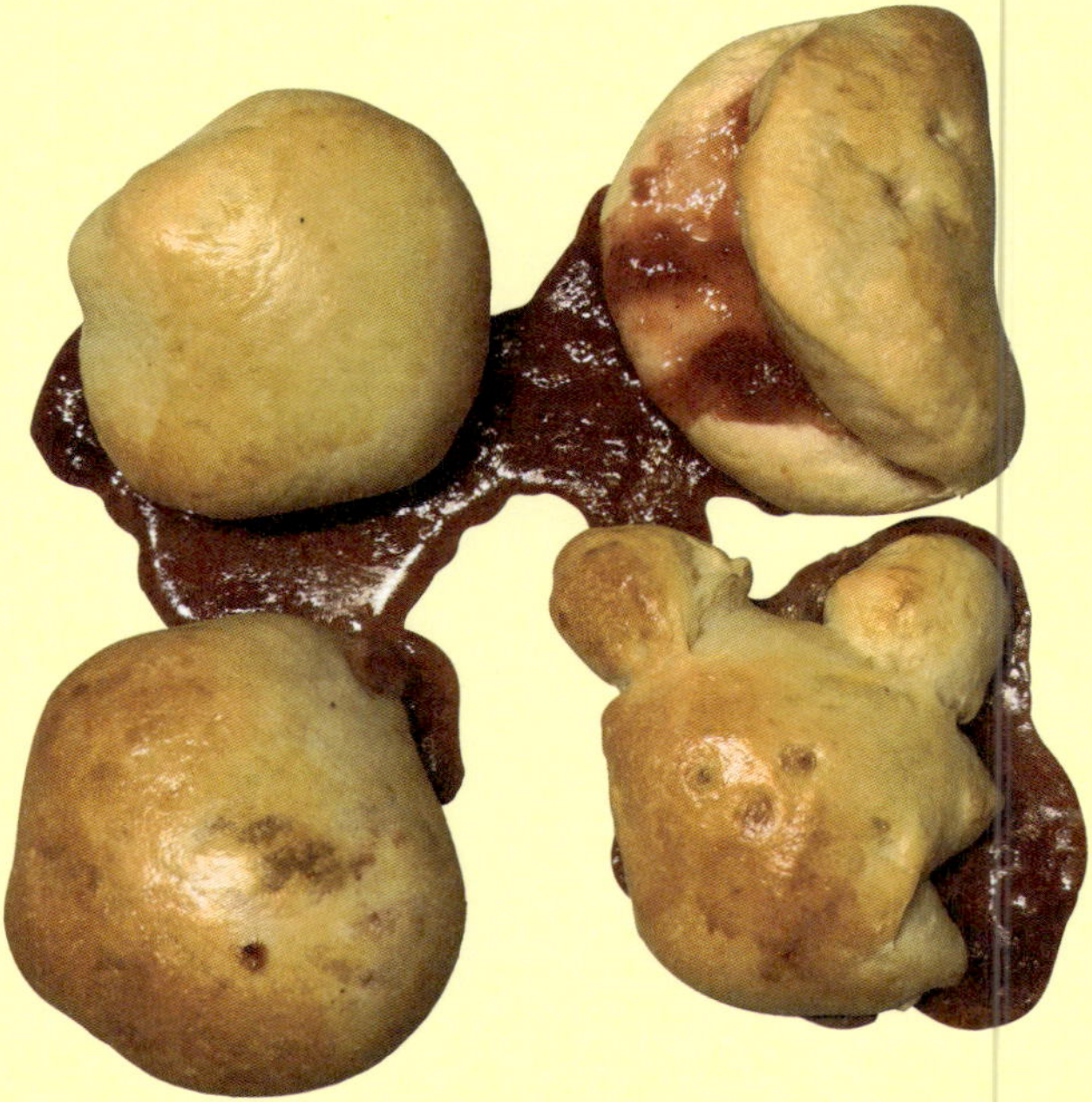

吐血パンづくり

次はカメパンをつくります。

飼い猫のための陶芸

電車に2時間ほど揺られて、熱海《あたみ》に来た。陶芸をやっている友人がいるのだ。彼女は作品を作りながら、熱海にある陶芸教室で働いていた。熱海には陶芸教室が数軒あるのだが、今回はスパイとして別の陶芸教室に潜入したいからそれに付き合ってくれないかと相談されたのだった。つまりは、他の陶芸教室はどのようなことをやっているのか、勉強のために参加したいということだ。スパイというかっこよすぎる響きに、私の中にいる中学2年生が躍る。

私は陶芸に興味があったし、彼女一人で行ったらその器用さにスパイだと気づかれてしまうだろうから、私のような不器用で何もできない人が一緒に行った方が安全だと思い、すぐに承諾した。

私たちが潜入した陶芸教室は50代くらいのおじさんが1人でやっているところで、物腰の低く、ジョークが上手い彼を見ていると、スパイとして潜入しているのが少し申し訳なくなってくる。しかし、私たちはスパイだ。００７のボンドガールのような気持ちで潜入している。キョロキョ口と辺りを見回したり、専門的な質問をする友人を見て、彼女は物作りは器用にやるが、それ以外はとても不器用だなと思う。

ろくろと手捻《てびね》りのどちらかを選択でき、私たちは手捻りを選んだ。ろくろはハイスピードで回る。そのスピードに私は絶対についていけないと思ったので、手で粘土を形作る手捻りのほうを選んだ。

目の前に粘土をどんっと置かれ、手捻りの説明を受けるが、おじさんのメガネが少し傾いていることに気を取られ、何も聞いていなかった。私たち不器用人間はだいたい説明を聞いておらず、勘でどうにかしようとするところがある。例えば組み立て家具なんかも、説明書はまず読まない。ここに木の棒と木の板があって、ネジが数本あったら、とりあえずそのネジでなんとなく木の棒と木の板をくっつけるだろう。そうやって私たちは人生をてきとうに生きている。

説明を聞いていなかったので、いざ始まったら何をしていいかわからない。とりあえず粘土をこねくり回してみる。そういえば、何を作るか決めていなかった。なにか必要なものはあるだろうか。しばらく考えたけれど、思いつかなかった。それでは、好きなものを作ることにしよう。私が最も好きなものは、飼い猫のカニエ・ウェストだ。私は猫にラッパーの名前をつけている。蟹《かに》が好きなので、本当は「蟹」という名前をつけたかったのだが、どうせだったらもうちょっとセレブな名前をつけてあげたいと悩んでいたところ、テレビにカニエ・ウェストが出演していたので、彼の名前を拝借した。カニ（と、結局呼んでいる）は長毛の黒猫で、臆病者ですぐにくさいうんこを漏らす。そんな愛おしい存在だ。そんなカニを陶芸で再現しようと思ったけれど、どうせだったら置物というよりかは実用的なものにしようと、カニの顔を再現した水入れを作ることにした。カニが自分の顔から水を飲めるようにしたいのだ。

まずは水入れの形を作っていく。粘土は固く、形を作るのになかなか苦労した。途中途中で、「さっき説明しましたが……」と、先生に怒られる場面が発生しているが、私はめげずに水入れを作った。縁の部分がうねうねしており、あまり綺麗とは言えないが、それはそれで愛嬌《あいきょう》がある。友人の作っているお碗《わん》をちらりと見ると、見事なまでの綺麗な形をしており、おいおい、そんなに綺麗に作るとスパイがバレてしまうぞ。と、内心ひやひやしていた。

大まかな形が完成したので、あとは、カニらしさを足していく。目が腫れぼったく、三角形のような形をしているので、それを粘土で再現すると、先生から「そんな猫なんですか」と言われ、「そうなんです」と、画像を見せると、「似てる！」と褒められた。確かに、我ながら似ている。カニの特徴をうまく捉えて誇張している。まるで、観光地にあるコンプレックスを誇張した画風の似顔絵屋さんのようだ。なぜ金を払ってまで自分のコンプレックスをまじまじと見つめなくてはならないのだ。しかし、私は今やその似顔絵屋さんにも劣らないくらいの誇張師になっていた。

粘土で三角形を2つ作り、耳にする。粘土というのは触っているだけで気持ちがいい。まるで地球をこねくり回しているようだ。大地と共にあるような感覚になる。設計図のないものを作ることはなかなか楽しく、わくわくする。私がいつも作っているものはマシーンなので、ある程度設計するのだが、陶芸は設計図がない。なりゆきに任せて粘土をこねることは、創造である。神様もきっとこんな感じで人間を作ったのかもしれない。じゃないと、男性に乳首があったり、指に毛が生えている理由がつかない。きっと、てきとうに「ここに毛が生えてたら、おもしろくね？」といったように作られたに違いないのだ。だから私はてきとうに生きて、てきとうに物をつくって、てきとうにそれを愛でる。その後、どんなことが待ち構えていようと、私はてきとうにあしらって、てきとうに生活を謳歌していく。

終わりが近づき、カニの水入れの形が完成したので、あとは色を塗っておしまいだ。何度も言うが、我ながら上手くできた。上手くできすぎて、自分はあまり不器用ではないような気がしてくる。私たちは、稀《まれ》な成功体験に溺れるほどに酔いしれる。

上手くできた水入れを見て、私は思いついてしまった。新しいビジネスだ。ペットの顔写真を送ってもらい、それに似た水入れを作るのだ。これは儲《もう》かるぞ。私のこのスキルがあれば、きっと大儲けできるに違いない。いつだってお金のことばかり考える自分に辟易《へきえき》しながらも、今回わかった私の意外な才能を信頼し始めていた。

焼き上がりまで2週間ほど待ち、作ったものが自宅に届いた。カニと並べてみると、その水入れはなかなか彼に似ており、一緒に住んでいる母も「似てる似てる」と喜んでいたが、3日ほどで陶器が欠けてしまい、カニが怪我をすると危ないからと玄関に飾ることとなった。

実用的なものを作ったつもりが、玄関に飾るだけの無用のものとなってしまった。

『荘子《そうじ》』に「櫟社《れきしゃ》の散木」という話がある。とある場所に立派な大木があった。それを見た大工の棟梁《とうりょう》は「役に立たない木だから、これほどまで大きく育ったんだ。まったく何にも使えない役に立たない木だよ」と、弟子たちに言う。すると、その大木が棟梁の夢枕に立ち、こう言う。「お前はいったい私と何を比べているのだ。お前は恐らく役に立つ木と比べているのだろう。役に立つ木は、枝を折られる。この世の中の、人であれ物であれ、みんな有用であろうとして命を縮めている。だが、私は、一貫して無用であろうとつとめてきた。天寿も終えようという今になって、ようやく無用の木になることができた」

大木が夢枕に立ってこんなに詰められるとは、なかなかの恐怖体験だが、私は大木の言うことにかかねがね同意である。役に立つものが短命であるかについては、私にはわからないのだが、役に立たないものは、ただそこにぼんやりと存在することができる。そして、私たちはただそこに存在することを寛容な心で許可すべきである。忘れ去られたように玄関に置きっぱなしにされている水入れを見て、捨てられないことをたまに祈っている。

飼い猫のための陶芸

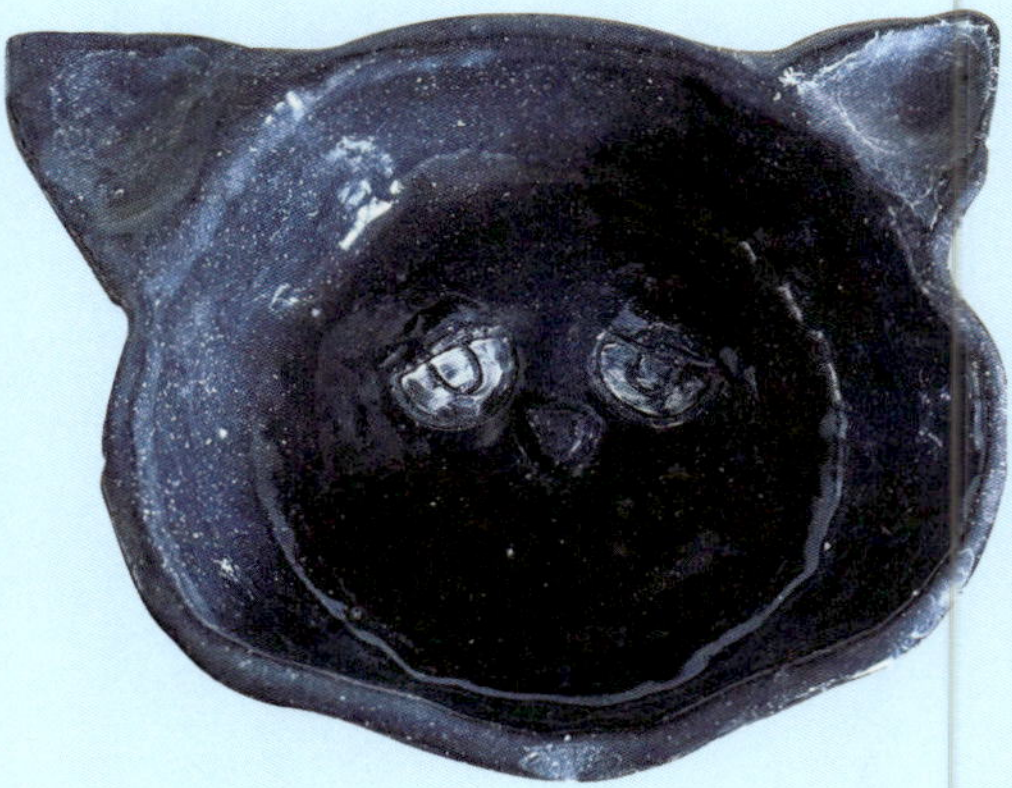

やっぱり似ている、
どう見ても似ている。
自分ってすごいかも。

孤独とともにある木工

ニーチェは言った。「おお、孤独よ！　あなたは私のふるさとだ！　孤独よ！」と。

1LDKで2人暮らしをしている私と夫は孤独というふるさとに帰ることはなかなかなかった。お互い家で仕事をしていることが多いから、ご飯を食べるときも、仕事をするときも、寝るときもすべて同じ部屋で過ごし、それは側《はた》から見たらラブラブという言葉が当てはまるのかもしれないが、結婚して1年が経《た》つ頃には私たちは少し孤独が恋しくなっていた。

テレビ台の左側に椅子が置いてあるスペースがある。それは、私が読書をするための空間だったのだが、結局、読書はソファにごろんと寝っ転がってするのが一番ということに気づいた今は、ただ椅子が置いてある場所へと成り下がってしまった。そこに孤独スペースを作ろうと考えついたのは、ある昼下がりのことだった。啓示というのか。急に思い立ったのだ。そうだ、孤独になれる場所を作ろう。私たちの孤独というふるさとをここに作ろう。

思い立ってすぐに、設計図を書いた。椅子の置いてある場所の長さを測り、縦が130㎝、横が50㎝、奥行きが70㎝のボックスを作ることにした。板が4枚必要である。ホームセンターに行って、木材を調達することにした。ホームセンターでは木を切ってくれるサービスがあるが、自分で木を切りたかったので今回は利用しないことにする。

大きなベニヤ板をアトリエに運び、ジグソーという機材で木を切り出す。まずは幅が70㎝、縦が130㎝の板を切り出すことにした。私は線をまっすぐ引けない。なので、ジグソーで切り出すときもまっすぐではなく、湾曲した線になる。しかし、それはご愛嬌というやつで、その曲がった線を愛おしいと思える。一つ切り出したところで、力尽き、その日の作業はやめにして、家に帰って寝た。作業をし、力尽き、家に帰って寝るということを3回ほど繰り返し、やっと4枚の板を切り出すことができた。縦の長さを130㎝にしたはずが、すべての板の高さが微妙に違う。こんなちっぽけな差、どうでもいいことだ。あとはこれをボックスにする。一応、L字の金具は買っておいたので、これを角に打ち付ければいいだけだが、どうやって打ち付けようか。ベニヤ板は厚みがなく、ネジでは留められない。そうだ。角材を内側に取り付けたら、金具が取り付けられるようになるかもしれない。そう思った私は、近くにあった角材を手に取り、それにボンドをつけて、板に貼った。もちろん、角材の長さは揃っておらず、まちまちだ。長さを揃えるということは、器用な人がやるもので、私たち不器用人間は、そんなことやらなくてもいい。形になればいい。

　ボンドが乾くのを待つ。物作りにおいて、待つという時間が生じることがあるが、それはとても退屈なことで、せっかちな私は早く完成させたく、この待ち時間をどう過ごせばいいかわからない。思えば、私はご飯を食べることも人より数倍早く、一緒にいる人が食べ終わる前に絶対に食べ切ってしまう。そうすると、そこでもその人が食べ終わるまで待つという時間が生じ、ポツンと孤独を感じてしまう。

　その孤独は、ふるさとと呼べるほど素敵なものではなく、一種の疎外感である。しかしそんな疎外感を感じてまでなぜ私はご飯を早く食べるのかというと、ご飯というものはできてから早いうちに食べたほうがうまいにきまってるからだ。塩胡椒《しおこしょう》をかけるように、餃子《ギョーザ》を醤油《しょうゆ》につけて食べるように、私は早食いをするのだ。それは一種のスパイスだ。だから、みんなも私に追いつくようにご飯を早く食べてみてほしい。絶対に後悔させないから。ボンドが乾いたので、L字形の金具とドア部分の蝶番を取り付けるだけである。

　完成したそれは、孤独に帰るための個室というにはずいぶん心許《こころもと》ない。ベニヤ板が少しの振動で揺れ、取り付けたドアは重さで湾曲している。テーブルを設置するという案もあったのだが、テーブルで作業をしてしまえばそれは孤独ではなく、なにか社会と繋がってしまっているように思える。なので、テーブルはなく、ただ椅子が置かれるのみとなった。

入ってみると、それはずいぶんと孤独な空間だった。四方が壁に囲まれており、どうでもいいことを思案するにはうってつけの場所である。身一つでこのボックスの中に入り、身一つで孤独を感じる。夫がすぐそこにいようとも、私はこのボックスの中では孤独だ。私には両親がいるし、姉もいるし、姉の夫もいるし、自分の夫もいる。夫の家族だっている。まったくもって孤独ではないが、この中でだけは孤独でいられる。繋がりを遮断して、社会から疎外され、孤立する。それはまったくネガティブなことではない。一人でいることの尊さやさみしさ、それらをすべて愛せる力強さ。

ボックスの湾曲した線は私のことのようだ。きれいに切り取れなかったことから生じた木のささくれだって、私のことのようだ。ベランダからの光を遮るこのボックスは、私たちの家に暗闇を作ってくれた。ばつぐんに明るい部屋ばかりを愛するのではなく、少しの暗闇を大切に愛おしく思うことが、私たちにできる人生の謳歌のはじまりなのではないだろうか。

正直に言うと、作って満足し、あまり使わないと思っていた。しかしながら、私は朝起きた後と、夜寝る前に必ずこのボックスに入っている。考えることはどうでもいいことばかりで、すぐに忘れてしまうことだ。いや、考えることとさえしていないかもしれない。

瞑想《めいそう》やマインドフルネスを始めたとき、どのようにやればいいかわからず、頓挫した。でも、もしかしたらこのボックスこそ、社会との繋がりを遮断した孤独こそ、「今ここに集中する」というやつなのかもしれない。私はずっと過去のことを思い出しては「ううっ」となり未来のことを思っては「ああ」となる。今の自分なんて、感じたことがなかったが、このボックスに入ると何かが違う。四方が遮断され、広がりがなく、見えるのはベニヤ板のみである。そんな中で過去でもなく未来でもない、今を感じることが少しずつできるようになってきた。

スマートフォンなどの機器が発展した今日、私たちは常に何かと繋がっている。そんな中で、私たちは孤独というふるさとに定期的に帰らなくてはならない。こんなにもばかばかしいボックスを作らないと、もはやふるさとには帰れない。しかし、実家の玄関の鍵は常に開いていて、いつでも大好きなカレーを作って待っていてくれている。

そして、ある日このボックスに入っているときに気づいてしまった。四方が囲まれている小さな部屋とは、トイレだ。私は用を足せないトイレを作っただけだった。

孤独とともにある木工

しばらくしたらジャマだなと思いはじめた。

ギリギリのキャラ弁

幼稚園児のとき、お弁当を持参していた。母は毎日おにぎりに顔のついたいわゆるキャラ弁(当時はそんな言葉がなかったように思うが)を作ってくれていた。私はそのおにぎりが楽しみでしかたがなかったのを覚えている。大人になった今、少しだけ料理をするようになり思うことは、見た目が綺麗な料理がどれだけ難しいかということである。

まず、料理というのは味が重要である。そのためにはちゃんとした分量の調味料を入れ、しっかりと混ぜ、熱するものは熱し、熱さないものは熱さない。工程を守る。それだけでもたいへんなのに、さらに見た目を整えるというのは至難の業である。

私は調味料を分量通りに入れるということができない。おおさじこさじのスプーンを取り出すことすらめんどうで、目分量でやらせてもらっている。そして、私は工程を守らない。「10分冷ます? そんな甘ったれたこと言ってんじゃねえよ。こっちは今すぐ食べてえんだよ。冷ますかばか!」「混ぜてから砂糖を入れる? おい、さっき一緒に入れちまったじゃねえかよ! まあ別にいいか」という具合である。なので、私が作る料理は、変な色をしていることが多い。あと、単純に焦がすので、ドス黒い。

そんな私だが、キャラ弁に挑戦したいと思い始めた。食材でキャラクターをそっくりそのまま再現するキャラ弁は、どれだけたいへんなのか。どれだけおもしろいのか、知りたかったのだ。

小学生のときから、ハンター×ハンターという名作を前に私はなすすべがなかった。ただ、それを享受し、呆気《あっけ》に取られながら最新号まで読み終わる。それを小学生のときからたびたび繰り返して今になる。休載を繰り返しているこの作品だが、休載されてもなおずっと新しい気持ちで既刊のコミックスを読み返せるのだ。

この漫画には主人公級のキャラクターはたくさんいるが、ゴン＝フリークスが一番の主人公だろう。彼は力強い眼差《まなざ》しで、自然を愛し、類稀な才能を持ち、友情を第一に考える。まさに、少年漫画の主人公という彼が私は大好きで、憧れていた。「いいハンターってやつは動物に好かれちまうんだ」。ゴンは動物に好かれ、心を通わすことができる。私も動物と仲良くなると、この名言を思い出し、少しはゴンに近づけたかななどと思ったりする。風を感じるだけで、嵐がくることを予期できるようになるかな、毒の入った飲み物を飲んで「これまずいよ」と言えるようになるかな、などと思う。

今回のキャラ弁はこの大好きなキャラクターであるゴンをモチーフにする。今考えると、ちいかわやすみっコぐらし、はたまたアンパンマンのようなキャラクターのほうが作りやすいはずである。しかし、当時の私には「キャラ弁といえばゴン」という頑固さがあった。

まずは、何でも売ってるでお馴染《なじ》みのまいばすけっとに行く。ハムと海苔《のり》、きゅうりを購入し、ほくほくしながら帰宅。しかし、キャラ弁を作るというのに、こんなにも質素な買い物でいいのかという一抹の不安がよぎる。

今からキャラ弁作りという大冒険が待っていると思うと、胸がときめく。ちなみにだが、このキャラ弁は作り終わったら自分で食べる。夫を含む知人・友人には絶対に食わせない。まず1つ目の理由は、私の料理は人の腹を壊す自信しかないので、いくら家族であろうと体調を危険に晒《さら》すわけにはいかない。そして、2つ目は子供のときのキュンとしたあの感情をもう一度味わいたいからだ。あのキュンは、「お母さんが私のためにこんなに手の込んだ物を！」というキュンだったから、私が私のために作ることでは再現できないかもしれないが、キャラ弁を食べることで、新しい胸のときめきを感じることができるかもしれない。本当は、誰かが私のためにキャラ弁を作ってくれたらうれしいのだが、欲しいものは自分で作るということが私の信条なので、誰にも頼まず、作る。

とはいえ、ゴンのキャラ弁をどう作っていけばいいかわからない。インターネットで「ゴンキャラ弁」と検索したところ、ものすごく凝ったキャラ弁たちが出てきたが、見なかったことにして、私は私なりのキャラ弁を作るぞと腕まくりした。

まずはハムを輪郭の形に切り取る。これはけっこう簡単だ。そして、のりを髪、目、口の形に切り取った。これがかなりの難所で、キッチンばさみで切っているのだが、思った通りに切り取れない。丸い形をつくりたいのに、どうしても三角になってしまう。何度も切り取っては食べ、切り取っては食べを繰り返し、丸にはまったく見えないがひとまず形になった。あとで調べてわかったことなのだが、海苔切りばさみというキャラ弁用のハサミがあるそうだ。そういうツールを使えば良かったものの、私はばかでかいキッチンばさみで挑戦していた。ハードルを自分で上げまくり、見事、そのハードルの下をくぐった。


ゴンは緑色の服を着ている。その緑をきゅうりで再現してみると、それは洋服にはまったく見えず、ただそこにきゅうりがあるのみだった。そりゃそうだ。きゅうりだもん。このきゅうりを洋服に見せようとすることが間違いなのだ。すべてそうだ。肌ではなくハムだ。目じゃなくて海苔だ。もうぜんぶ、ぜんぶそうだ。陶器のコップじゃなくて土だ。椅子じゃなくて木だ。ぜんぶ、そうじゃないか。きゅうりが洋服に見えないというだけで、ばかみたいな世界の真理を悟ってしまった。こうやって哲学は誕生した。

海苔でできた目と口を慎重にハムの肌の上に載せる。髪の毛をどかんと大雑把に置いたら、完成だ。

できあがったキャラ弁は、ゴンと言えばゴンに見えるが、ゴンじゃないと言われればゴンじゃないねーとなるようなものになった。目や口を納得するまで成形した痕跡は一切見えず、てきとうにはっつけたみたいだ。私の努力は、どこにも姿を見せない。一旦、蓋をし、私がゴンのキャラ弁を作ったという記憶を消す。

しばらくしてお昼時になり、お弁当箱の蓋を開けると、「なんだこれ？　なんなんだ？　ああ、ゴンか……」と、見事に私の記憶から消えており、あるのは「なんなんだ？」という感情のみであった。食べてみると、味は普通である。まずくもないし、特別おいしくもない。ハムとごはんは合わない。幼稚園児のときのときめきはやはり感じられなかったし、大切なお昼の時間を変な食べ合わせのもので無駄にした気がしてならない。そして、見事にお腹を壊した。

ギリギリのキャラ弁

もうちょっとどうにかならなかったのかな。

器用な人と溶接

取材を受けるときやテレビ出演のとき「肩書きはどうしますか？」と聞かれることがあるが、とくにこだわっていないので、「てきとうで大丈夫です」と先方に丸投げしている。そうすると、「発明家」という肩書きをあてがわれることが多い。発明家。なんと、いい響きなのだろう。でも、よすぎて私に合っていない気がする。アニメなどのフィクションの発明家はいつだって溶接マスクをつけ、ひたすらに火花を散らし、タイムマシーンなどの奇天烈《きてれつ》なものを発明している。私は3Dプリンターやレーザーカッターなどに頼りっぱなしで自分の手を動かしていないことに少しの引け目を感じていた。そうだ。私は理想の発明家に近づくために、溶接を学びに行こう。

浅草橋にある工房で、溶接の一日体験ができることを知ったので、さっそく申し込む。服装の指定があり、「燃えやすい服装不可」ということだったので、とりあえずデニムジーンズと上はパーカーを着て、念の為《ため》、デニム素材の上着を持っていくことにした。いろいろ調べたところ、デニム素材は可燃性が低いとのことだった。到着して、先生に「服装ってこれで大丈夫ですか？」と言われ、「デニム素材の上着も持ってきました」と言うと、「穴開いても大丈夫ですか？」と言われ「大丈夫です」と答える。

まずは、溶接の基本的な講習から始まった。溶接にはアーク溶接とガス溶接というものがあり、これからやるのはアーク溶接ということ。アークとは何か。アーク溶接のなかにもたくさんの種類がある。なぜ金属同士をくっつけることができるのかなど、いろいろなことを学んだが、（服に穴が開く……？）という一点だけが心の中にひっかかっていた。さっきは思わず「大丈夫です」と言ってしまったが、大丈夫なわけない。なんで、そんなことを言ってしまったのだろう。私はてきとうに人と会話をしており、いつかきっと身を滅ぼす。

しかし、講義はどんどん進んでいき、安全面の注意について先生が話す。電気を使うため、感電には絶対に注意すること。また、火災ややけどのリスクも高いことを繰り返し喚起された。ここで、私は今すぐ帰りたくなってきた。不器用な私である。こんなにも注意深くやらなくてはならないこと、絶対にできっこない。感電してやけども負って、火災を起こして死んでしまう。「死因：不器用」という前代未聞の司法解剖が行われてしまう。

講習を終え、昼食を挟むこととなった。近くのカフェに入り、ナポリタンを食べながら、このままバックレようか悩んでいた。ちょっとお腹が痛くなっちゃって……など理由をつけて逃げたほうが、生き延びるためにはよいのではないか。コーヒーを飲みながら、やり残したことを思い浮かべてみたのだが、頭の中には真っ白な空間が広がっていた。なんのイメージも浮かばない。

結局そそくさと教室に戻った。今回の溶接体験では、ランプシェード、調味料ラック、コーヒードリッパースタンドの中から好きなものを選んで作れる。私は最も簡単そうなコーヒードリッパースタンドを作ることにした。作業に入る前に、金属の板に向けて簡単に溶接の練習をすることになった。まずは、手動溶接から。溶接棒（接着の役割を担う溶ける棒だ）を溶接機の先にあるクリップにつけ、それを押しながら溶接する体験をした。バチバチと火花が飛び散る。その火花を直視してしまうと危険なので、溶接マスクを着用する。溶接マスクは、火花が飛び散って明るくなっている時間だけガラスが暗くなる仕組みで、その技術力に感服した。しかし、逆に真っ暗で何も見えず、私は金属板からはみ出て溶接をしていた。先生は苦笑いしていると思いきや、「まあ、こんなこともありますよ」と、優しく私のミスを包み込んでくれた。しかしながら、溶接の出来はまったくダメで、びびりすぎて溶接棒を金属板からだいぶ離してしまい、まったく金属がくっついていなかった。不器用にうねうねとしている溶接跡は、みみず腫れのようなグロさがあった。何度も挑戦し、ようやく形になったところで、今度は半自動溶接というものに挑戦することとなった。

半自動溶接とは、溶接棒（手動溶接とは違い、細長い針金みたいなフィラメント）がレバーを押すと自動的に出てくるもので、同時にガスも出てくるため、手動溶接よりもだいぶ綺麗にできるらしい。いざやってみると、まったくできなかった。クレーターが何個もできて、ぶつぶつの溶接ができあがってしまった。さらに溶接を進めようとしたのだが、なぜか火花が飛び散らない。先生が溶接機の先を見ると、溶接棒を送り出すノズルが潰れていた。なんでも、今度は近距離で溶接をしていたから、ノズルが詰まってしまったようだった。ノズルを交換してもらい、また挑戦する。再びノズルが詰まった。ノズルを詰まらせる才能だけはたっぷりとある。ノズルを詰まらせたいときは、私にご相談ください。

2時間みっちりと実技をし、なんとなくできるようになったので、やっとコーヒードリッパースタンドを作り始める。手動溶接と半自動溶接のどちらを選びたいかと聞かれ、簡単だったのは半自動溶接だったので、そちらを選ぶことにした。何度も挑戦して、やっと形になったのだが、接着がうまくいかず、支柱が飛び出てしまって土台が浮いている。私は疲れ果ててしまい「もう、このままでいいです」と半ば投げやりになっていたのだが、先生は「いや、ちゃんとやりましょう」と、飛び出た支柱を削ることを提案してくれた。先生がいてくれてよかった。いてくれなかったら、私は支柱が飛び出たコーヒードリッパースタンドを使うことになるところだった。器用な人がそばにいるだけで、丁寧に作業ができる。飛び出た部分を削り、さらに怪我をしないようにとバリ取りをした。私は自分で作ったものを使うときに怪我をするかしないかなんて考えたことがなかったので、こういった作業は新鮮である。

しかし、私は家では、コーヒーを飲まない。飲むとしてもインスタントの粉を目分量でマグカップに入れてきとうにお湯をぶっかける雑コーヒーだ。ドリップパースタンドを作ったことを機に丁寧にコーヒーをドリップして淹《い》れることを決意した。

コンビニでノンアルコールビールのロング缶を購入した。ノンアルコールビールにロング缶がある時代に生まれてよかった。コーヒードリッパースタンドの中になんとなしにロング缶を入れると、ぴったりと収まった。これは今日からロング缶スタンドとして使おう。コーヒーはインスタントでいいや。

こうして私の溶接体験は終わった。服に穴が開くことはなく、感電も火災もやけども起きなかった。不器用でも意外となんとかなるのが物作りである。もちろん、危険が伴う専門的なことは専門家のいる前でやったほうがいいということは前提で、私たちは物を作ることができる。理想の発明家に近づけたような気がしたのと、溶接が無事に終わったことで自信過剰になっていて、自宅でもやってみようと溶接機をAmazonで調べたら、その値段にドン引きした。口座にいくらあるかを少し思い出し、ちょっとだけ胸が痛くなる。不器用に溶接された金属を見ながら、ノンアルコールビールを一気に飲んだ。

器用な人と溶接

死ななくてよかった。

テン上げ３Ｄネイル

インスタグラムのフィードをぼんやり見ていたら、ネイリストが３Ｄネイルを施しているポストが目に入った。樹脂粘土やネイルジェルを器用に使って星のカービィを作っており、そのキラキラとした可愛さに私はノックアウトされた。テンポよく作っている様子を見ていると、なんだか自分でも作れるような気がしてくる。

樹脂粘土は以前、使ったことがある。よくＳＮＳの広告で出てくる「穴にお尻がはまってしまう」というエロ漫画を題材にしたピアスを作ろうと思ったときだ。だいだい色でお尻と脚を作り、スカートを赤色の粘土で作って穿《は》かせて、ピアスにしてみたのだ。「耳に開いたピアスの穴からお尻が出ていたらおもしろいぞ」という私の低レベルなユーモアセンスに自分自身は大爆笑していたのだが、私の不器用力《ぢから》によって、それはまったく何にも見えないものとなってしまった。どこにも発表することなく、ただアトリエの棚に置き去りにされていて今は行方がわからない。そんなむなしい思い出以降は、樹脂粘土を使うことはなかった。

私はたまに爪に色を塗るのだが、いかんせん不器用なのではみ出る。きれいに塗れたためしはなく、いつだって地肌にネイルポリッシュがついてしまうし、均一に塗ることができず、まだら模様で完成としている。均一に塗ろうと頑張ると、厚塗りになってしまい気泡が現れて、自爪よりも汚い仕上がりとなる。それを見かねた器用な姉が塗り方を教えてくれたが、その通りにやっても朝の歌舞伎町くらい汚い。治安も悪い。

ネイリストというのは、とてつもなく器用さが必要な職業だと思う。私も何回かネイリストに爪を綺麗にしてもらったことがあるのだが、彼ら/彼女らははみ出すことなく爪を塗り、ミリ単位のラインストーンをピンセットで丁寧に真ん中に置き、それをズラすことなく上からトップコートを塗る。そこにはとんでもないほどの集中力と、丁寧さがある。集中力も丁寧さのかけらもない私は、その技術をUSBメモリに入れて脳内にインストールしたいと思うほどであった。職人技を目の前で経験したときは「私には絶対にできっこないな」と思っていたのに、インスタグラムのリール動画を見ると「私にもできそう」と思う。デジタルに汚染されたバカ。

そして私はネイルチップを購入し、ネイルポリッシュを塗っている。やはり私がネイルを塗ると、まだら模様になってしまう。ネイルチップが固定できず、ネイルポリッシュを筆で塗ると犬のように筆先についてくる。気づいたら指の腹にもところどころネイルポリッシュが付着している。

５個のネイルチップを緑色に塗ったら、樹脂粘土でいろんな形を作り、３Ｄネイルを作っていこうと思う。まずは赤色を取り、３ミリくらいのちいさな楕円形《だえんけい》を作り、ネイルチップに貼りつける。そして棒状に細く伸ばした緑色を貼り、再び緑色で２ミリくらいの小さな楕円を２つつくり細い棒の両サイドにつけたら完成だ。チューリップである。これは、なかなか上手くできた。どこからどうみてもチューリップにしか見えないし、これをチューリップではないと言う人が現れたら、私は顔面をパンチする。傷害罪で逮捕されようが関係ない。

調子に乗った私は、どんどん作り進めていくことにした。今度は黄色の粘土を取り出し、楕円形を４つ作って名前のない花を作った。プレデターの口のようなグロテスクさがそこにはあるが、これは花だ。そして、赤と緑と青を繋ぎ、端っこに白い粘土をつけたら虹である。これに関しては体に悪そうなハンバーガーにしか見えない。

今、季節は春だ。なので春らしいモチーフのものを作ろうと思い立ち、桜を作ることにした。ピンク色の粘土を取り出して、楕円を作る。そこに切り込みを入れれば、桜の花びらが完成する。それを４つ作った。桜の花びらは通常５枚だが、私はもう面倒くさくてしかたがなくて、４つ作るので精一杯だった。あと一つくらい頑張れ。

物作りは楽しいけれど、めんどうくさい。これは両立する感情である。とにかく面倒で、その面倒さが楽しかったりするが、やっぱり私はてきとうに済ませてしまう。ここで、てきとうに済ませない気概を持っている人は器用に物を作れるのだろうと思うが、私はてきとうなものでも満足するので、諦める。この諦めが、私の不器用な作品たちの愛おしさを作っていると信じている。

友人のイラストレーターが、著名なイラストレーターの人にインタビューに行った際、「どうやったら上手くなりますか？」と聞いたらしい。その方は「あなたはこれ以上上手くならないほうがいい」と言ったそうだ。私はその話を正面から受け止め、「私もこれ以上上手くならないほうがいいのかも！」とウキウキして、すべての努力をやめた。

親指から薬指まで完成した。小指はどうしよう。そうだ。私は常々ネイルポリッシュで絵を描いてみたいと思っていたのだ。というのも、愛読しているファッション雑誌で「自分でできる簡単おしゃれネイル」という連載があり、それを毎月眺めては「簡単そうだ！ 私にも絶対にできる。時が来たらやろう！」と思っていたのだ。時は来た。赤色のネイルポリッシュをちょこんと乗せ、そこに緑色のネイルポリッシュを垂らそうと思ったのだが、緑色で爪を塗ってしまったので、てきとうにそこらへんにあった肌色のネイルポリッシュを垂らすことにした。これでチューリップの完成だ。怪我をした中指を立てているようにしか見えないが、これはチューリップである。

５本の爪が完成したところで、両面テープを取り出して爪に貼った。爪にネイルチップを貼る接着剤が手元になかったので、仕方なく両面テープを使う。取り付けると、そこにはとてつもなくテンションの上がる爪があった。「かわいい」と、思わず声が漏れてしまった。

爪というのは、日常的に自分の視界に入るので、それがこんなにもかわいいと、ものすごくテンションが上がる。インスタグラムに載せたところ「なにこれ？　なんのモチーフ？」「自分でやったんですか😂」と言われてしまったが、これはテンションが上がる爪である。他人のテンションは上げられないかもしれないが、私のテンションは上げられる。それでいい。他人のことは気にせずに、自分の気持ちのいいテンポで物を作って生きていきたいのだ。

テン上げ3Dネイル

チューリップ、花、虹、桜、チューリップ。

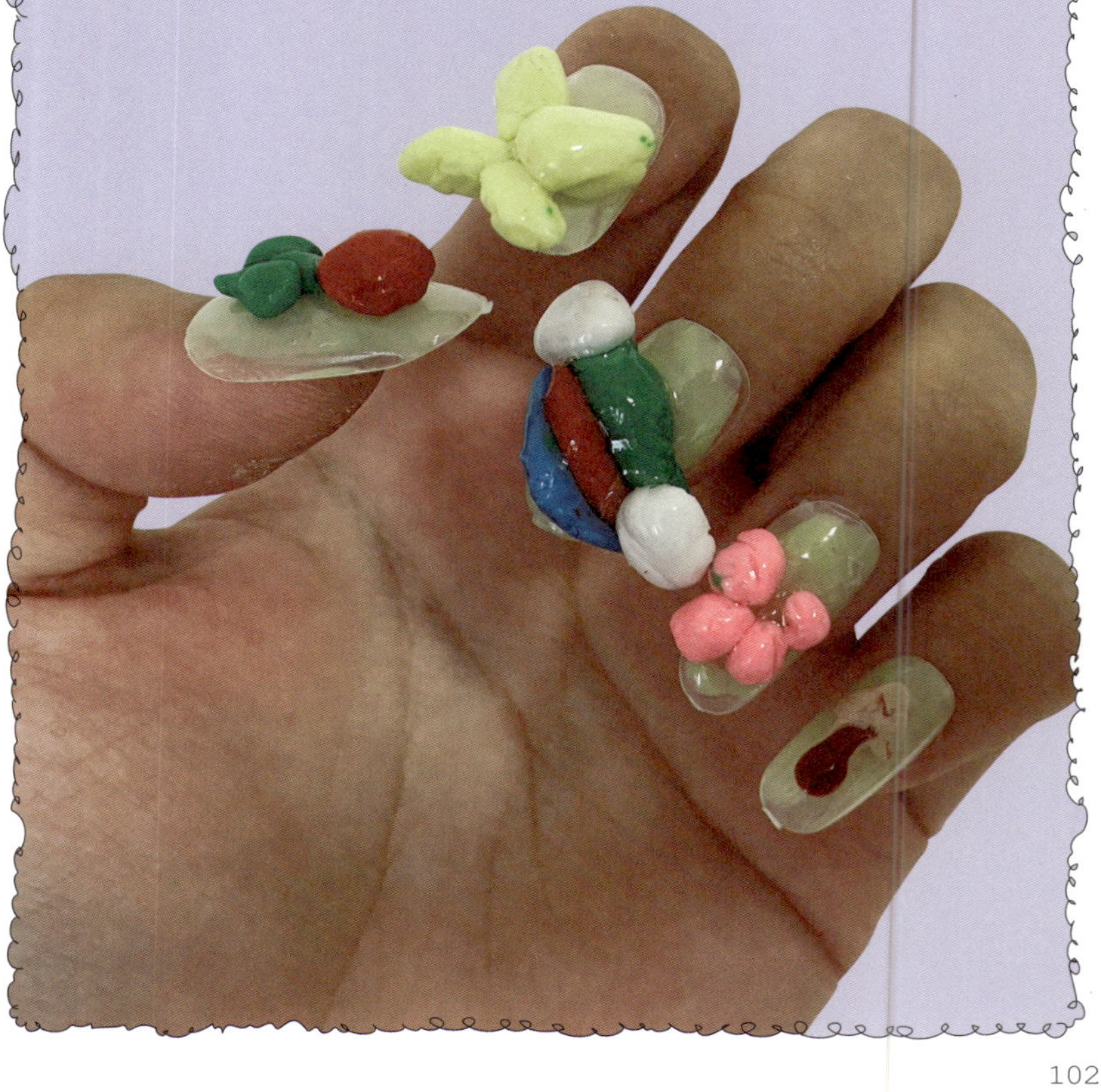

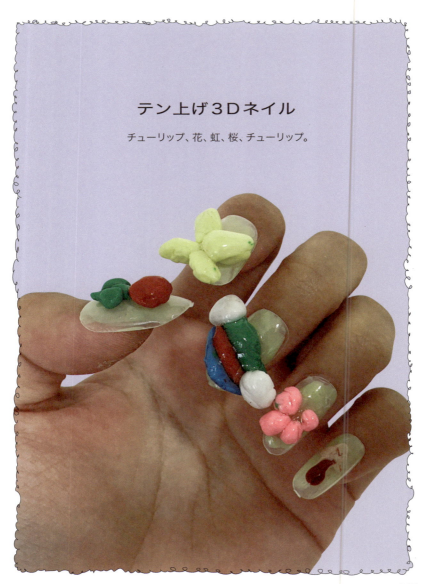

庶民のウエディングドレス

1年ほど前に結婚したのだが、式は挙げず、ウエディングフォトだけを撮影した。ウエディングフォトというのはあこぎな商売で、基本料金5000円とうたっているのだが、それは無料分のドレスと写真1枚のみの提供で、無料のドレスはどれも味気なく、かわいいものを頼もうとするとプラスで10万ほどかかってしまう。私にはそんなお金はないので、無料の味気ないドレスを選び、写真も1枚だけもらうことにしたのだが、写真に関して言うとカメラマンさんの腕が良すぎて1枚を選びきれず、追加で8万円払ってすべてのデータをもらうことにした。テクニックでひれ伏させるとは。

しかしながら、無料の味気ないドレスを着たことを少し後悔している。というのも、ウエディングというより、ピアノの発表会のようなドレスだったからだ。もっとスラッとしたウエディングドレス然としたドレスを着たかった。なぜ私はあそこでケチを発揮してしまったのだろうか。

そんなに10万円が惜しいか。10万円は惜しい。

だから今回は、私の理想のウエディングドレスを作ろうと一念発起し、白いサテンの布とチュールを購入したのだ。まずは設計図を書く。スラーッとしたシンプルだがゴージャスなドレスに仕上げたいので、見よう見まねで図を書いた。片方の肩にはボリューム感のあるパフスリーブをつけようと思う。アシンメトリーでシックな仕上がりとなりそうだ。

次にサテンの生地をチョキチョキと切る。まっすぐ切ろうとしたが、少し斜めになった。まあいいか。それをミシンで仕立てていくのだが、以前使ったときにミシンが壊れてしまったので、知人のミシンを借りることにした。糸を準備していざ縫い始めようとしたが、なにやらすこし変な感じがする。見てみると、上糸が下糸に絡まり、ぐっちゃぐちゃになっていた。それはもう大量の蛇が絡みつくようにたいへんな事態になっており、私にはミシンはまだ早かった。

とはいえ、バストからくるぶしまである布を手縫いで仕立てる気力は皆無だ。壊れたミシンでかろうじて上部と下部が縫えていたのでこれでよしとする。いやいや、よしとしてはいけない。これではおっぱいもおしりも丸見えになってしまう。それは流石《さすが》に恥ずかしいので、手縫いでざくざく縫った。

次はパフスリーブをつける。パフスリーブのつけ方がまったくわからないし、パフスリーブがいったいどういう仕組みであんなに膨らんでいるのかもよくわからない。しかし、私は以前「ガンダムパフスリーブ」というガンダムに見えるパフスリーブシャツを作ったことがある。白いパフスリーブを着ていると「ガンダムみたいですね」と言われることがあり、それだったらガンダムに寄せたパフスリーブを作ってやろうと思い、作った。そのときも私の不器用はいかんなく発揮されたが、パフスリーブの部分だけは綺麗にできたのだ。そのときは、大きな布を肩のラインに沿って縫い合わせることで、完成できた。今回も同じようにやればいいのかもしれない。そう思った私はとりあえずサテンの布を切り、それを上部に縫い付けた。

ウエディングドレスといえば、ベールである。私はあれにかなりの憧れを持っていた。そうだ。ウエディングベールを作ろう。チュールは手元にある。しかしながら、それをどうやって頭に固定すればいいのかわからなかった。ホットボンドで髪の毛に直接……というのは、あまりにも雑すぎるし、剝がすときに犠牲になる髪の毛のことを思うと手が出せなかった。なにか頭に固定できるものはないかあたりを探すと、ちょうどマネキンの頭にハマっていた金具があった。これは、私が頭に固定する発明品を作るときに使う金具で、ステンレスの曲げ板を2つ繋げて作った冠のようなものだ。これにチュールを挟んだら、あら簡単。ウエディングベールの完成だ。

家に帰って早速着てみることにした。ドレスを着ると、私のかわいい大きなお尻がドレスを圧迫し、ギチギチギチギチという音がするが気にしない。自分で作ったものだから、破れたって別にいいのだ。着てみると、おっぱいが丸出しになった。どうやらパフスリーブは失敗し、ただの露出魔と化してしまったようだ。そりゃ、大きな布を縦につけただけだったら、裾が下がっておっぱいが丸出しになってしまう。そんなこと、少し考えればわかることなのに、私の頭の中にある物理演算機能は壊れているのか、おっぱいが丸出しになるなんてことは予想できなかった。これは、不器用とかじゃなくてバカだ。

あれこれ試行錯誤し、どうにかおっぱいを隠せるスタイルを見つけることができた。よかった。これで捕まらない。形になったところで、寝ている夫を呼び、写真を撮ってもらうことにした。撮影している間、夫は「これ……」とつぶやいている。撮った写真を確認し「やっぱりそうだ」と言う。「なにが?」「パンツ透けてるよ」

慌てて写真を確認すると、言った通り、パンツが透けていた。これではまた「公然わいせつ罪」で逮捕されてしまう。ユニバーサル・スタジオ・ジャパンのハロウィンイベントに下着姿で現れた女性たちのように炎上してしまう。

写真の彩度を上げると、なんとかパンツらしきものは影のように見えるようになり、ひとまず安心した。

しかしながら、この完成度。古代ギリシャの庶民のようである。神っぽくもあるが、パンツが透けているのにそれを神というのは失礼だ。しかし、ギリシャ神話の神たちはだいたい裸に布1枚で、だったらパンツを穿いている私はまだ現代的だ。不器用の神とでも言おうか。金具に挟んだチュールが神っぽさを演出している気がする。もし、このドレスで結婚式をしたらどうなるだろう。きっと、会場がざわめき、その貧乏臭さに失望することだろう。

私の手はまったく思い通りに動かない。手は震え、だいたんに動き、気力はなく、いつだっててきとう。そんな私に嫌悪感を抱く人も多いかもしれないが、私はこのままで生きる。「結婚して何か変わりましたか?」と聞かれることが多く、その度にあれこれ答えを探すのだけれど、結婚では何も変わらなかったというのが正直なところだ。思いついたものを一目散に作り、ゴミが誕生し、笑う。私の根底にあるその喜びは、なかなか覆らない。

庶民のウエディングドレス

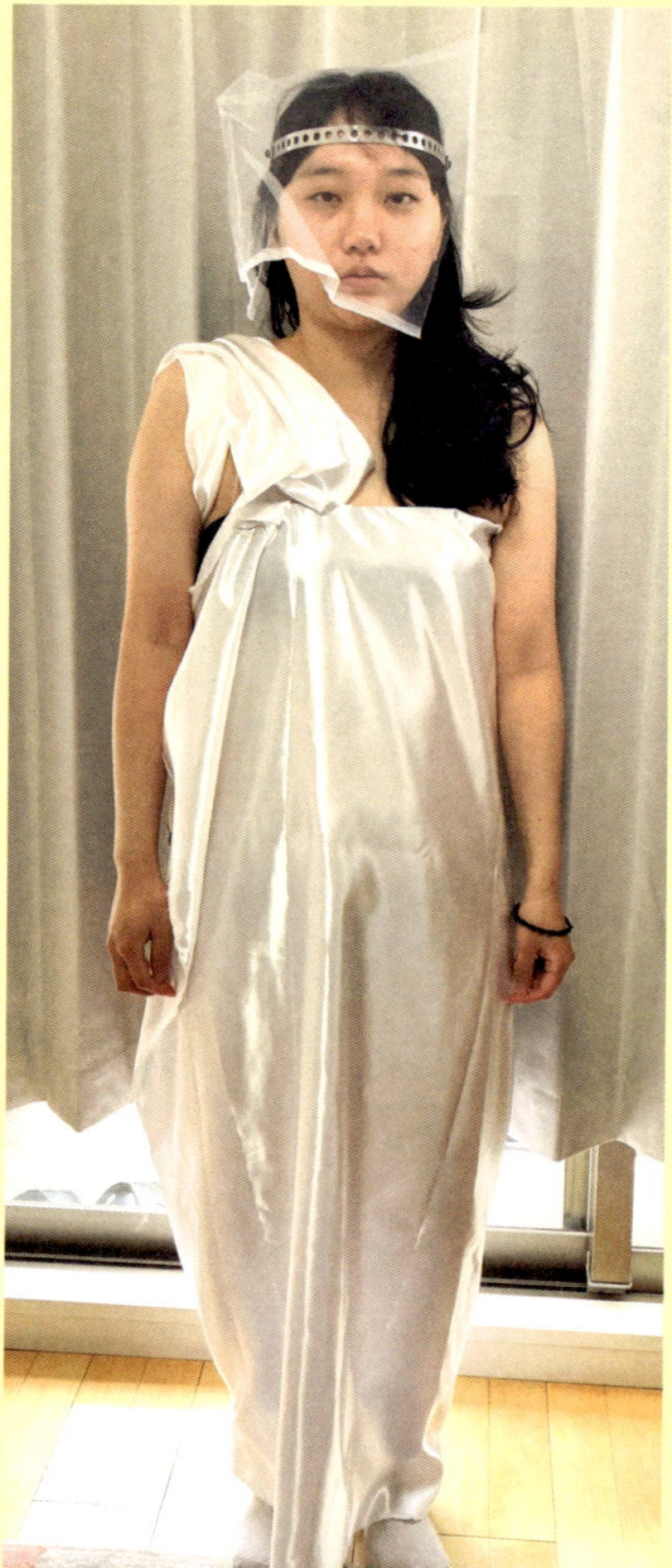

見て下さい。この不満そうな顔。

震えたアイシングクッキー

なぜこんなにも手先がまずいのかということを観察したら、手が小刻みに震えていることに気づいた。いつからだろうか。私の手は「ここぞ！」という場面でぷるぷると震え、その震えのせいで、細かな作業がまったくできないのだ。小さな枠の中に文字を書く際、心電図くらい手が震えて枠から大きくはみ出てしまう。また、会食などでも震えが止まらない。注目されたくないから、遠くの大皿料理を取ることができないので、近くにある料理しか食べられない。そんななか会計は割り勘なので、ちょっと悔しいときもある。工芸品の職人がお酒を飲んで手の震えを止めるということを聞いたことがあるが、私も酒を3杯ほど飲んだら少しはマシになる。普段の生活では震えることがないので、多分、少しの緊張やプレッシャーで過度に手が震えてしまうのだ。酒によってリラックス状態になり、手の震えが止まると考察している。

ラーメン激戦区を特集している夕方のニュースで、スタッフが箸でラーメンを持ち上げている映像が挟まれていることがある。そのスタッフの手がぷるぷるしていると、「私と同じ人がいる」と安堵《あんど》する。なので、ラーメン特集が始まったらチャンネルを変えずに見ているのだが、悲しいことに最近はあまり手が震えるスタッフがいないのだ。制作会社はもっと緊張しいの人を雇ったほうがいいと思う。

色とりどりのお菓子を食べると喜びを感じる。アイシングクッキーなんかはその代表で、クッキーにアイシングと呼ばれる色のついた砂糖を溶かしたものをトッピングし、いろんな模様を作ったり、キャラクターを作ったりする。まさに、食べるのがもったいないくらいのかわいいお菓子だ。羽が彩られた蝶や、絵をそのままクッキーにしましたと言わんばかりの完成度のキャラクターたちを見て、この手の震えさえなければきっと私にも作れるはず。と、悔しい気持ちになっていた。ビールとワイン1本を空けた。今日は酒を飲み、アイシングクッキーを作る。この手先の震えが止まっていることを祈って。

まずは土台となるクッキーから作ることにする。夫がクッキーの作り方を調べてメモをしてくれた。メモにはそれぞれの材料の分量と、混ぜる順番が書いてあり親切だ。まずはバターを60グラム入れる。その上に砂糖を入れ、混ぜる。しかし、冷蔵庫にずっと入れていたバターだからなかなか溶けない。そういえば、お菓子作りの定石として、バターをレンジで温めて溶かすとか、常温に戻して使うとかがあったような気がするが、私はすっかりそれを忘れて溶けていないバターとざくざくの砂糖をとにかくこねくり回していた。酒を飲むと海馬が溶けてなくなる。そこに卵1つを入れ、薄力粉170グラムを入れる。溶けないバターにイライラしてきて、素手でかき混ぜることにした。手がバターの脂でべたつくが、もったりした生地ができてきた。バターらしき薄い黄色の物体がまばらに生地に混ざっているのが見え、それは完璧には混ざり切っていないことを意味しているが、まあ、焼けばなんとかなるでしょう。

1時間ほど冷蔵庫で生地を寝かす。私は、この待つという作業が一番嫌いだ。せっかちすぎる私は、待っている間に早く食べたくなり、もう、生でいいから食べちゃおうという気持ちになる。実際、生で食べたこともあり、もちろんお腹を壊した。今回は、酔っ払っていて早く横になりたい気持ちがあったので、1時間寝かしている間に私もお布団に入って寝た。

1時間経ち、いい感じにもったりした生地ができていた。生地をめん棒で伸ばし、型抜きがないので爪楊枝でハートや人、星などの形にくり抜いていく。酒の効果はむなしく、いや、むしろ酒のせいで視界がぐらついて、まったく丁寧な作業ができなかった。私の切り取ったそのかたちは、輪郭がずたぼろで、まるで猫が引っ掻《か》いたソファーのようだが、焼いたらなんとかなるでしょう。という精神でこれからもやっていこう。

酒を飲むと気持ちが前向きになるのはなぜだろう。今までは、できないことに対して悲しみを持っていたのだが、酒を飲んで作業をすると、できないことがおもしろく感じてくる。プレッシャーを解放してくれるものが酒しかない。それに対して少しだけ悲しい気持ちもあるけれど、酒があるだけ十分だとも思う。

170度にオーブンを予熱して、型を抜いたクッキーたちをオーブンに入れ15分加熱しようとしたところ、夫から「様子を見るために13分くらいでやったほうがいいんじゃない？」とアドバイスをもらったので、その通りに従ってみようかな。待っている間はおぼろげな手つきでアイシングクリームを用意する。といっても、今回は既存の製品を使わせてもらうことにした。チョコペンのようなかたちのもので、中に着色料が混ざった砂糖のクリームが入っている。白、水色、ピンクの3色がセットになっていて、これを使えば否応《いやおう》なくかわいらしいアイシングクッキーが作れるはずである。

ピピピ。15分経ち、クッキーが完成した。夫には従わなかった。ところどころ生っぽいが、ところどころ焦げている。これは私のせいではなく、安いオーブンレンジのせいだから、自分を責めない。とりあえず粗熱を取り、ついにアイシングをしていく。やはり私の手先は小刻みに震え、ぐにゃぐにゃと歪《ゆが》んだ線を描いていく。猫、ハート、私の顔、クリスマスによく見る人形のクッキーを作ってみたけれど、そもそも私は色彩センスがなく、どれもサイケデリックなものになってしまった。白、水色、ピンクというかわいらしい色が揃っているのにもかかわらず、なぜこんなにサイケになってしまうのか。プライマル・スクリームのジャケット写真に使ってもらいたい。

震えながら作ったアイシングクッキー。しかし、けっこう納得のいくものになった。確かに他の作品と同様に女児感は否めないのだが、それでもかなり可愛く作ることができたと思う。愛らしすぎる。自分の料理したもので食べるのがもったいないという気持ちに初めてなった。でも、食べないと腐る一方なので食べる。まずは、適当すぎるハートから食べることにした。サクサクとした食感にアイシングの甘味が相まってとても美味しい。美味しいぞ！　この私が、美味しいものを作れたぞ！　確かに線はぐらついて、まるで事故のタイヤ跡のようだけれど、それでもこいつは美味しく、確かにクッキーだ。

プレッシャーを感じて震える手を嫌ってばかりじゃいられない。この世界に嫌なことはたくさんあるが、ただ嫌うだけではつまらない。無条件にすべてを愛することなどできないけれどもコンプレックスだったこの手で不格好だが美味しいものを作ることができた。クッキーに描かれたゆれた線を見る。これからもきっと嫌なことはたくさんあるけれど、まあそれはそれとして、自分はおもしろく生きよう。お酒はほどほどに。

震えたアイシングクッキー

公民館でやっているバザーで売ってそう。

うろ覚えオカリナ

うろ覚えで何かを作ることは不器用への第一歩である。私はリファレンスを参照したりすることはなく、うろ覚えで作ることが多い。そのうろ覚えが私の不器用のかたちとなる。

何も見ずに記憶だけを頼りに作ることは、かなりの楽しさを含んでいる。何かを見てそれを完璧に真似することも楽しいが、不器用な私たちはむしろ何も見ずに作ったほうが個性が出ておもしろい。というか、何かを見て作ったところで、私たちの不器用を前にしたらそのリファレンスは無駄となる。

今日はオカリナを作ろうと思う。もちろん、何も見ずに作る。担当編集さんが「オカリナ、けっこう簡単に作れますよ！」と言ってくれたので、その言葉を信じて作ることにした。楽器制作に興味のあった私は、その気軽そうな言葉にほいほいつられて、オーブン粘土を購入した。オカリナは陶器でできているから、陶芸の技術が必要になる。以前もやったことがあるし、粘土を扱うのはなかなか得意な分野であるから、きっと今回もちゃちゃちゃっとやって、ぱぱぱっと焼いて、ピーヒャラ吹ける笛ができるだろうと踏んでいる。この舐め腐った物作りへの態度に辟易する人も多いだろうが、このくらい舐め腐っていないとはじめの一歩は進められない。

ギターを小学生のときにやっていたのだが、Fのコードがおさえられず挫折し、なんか簡単そうだしという理由だけでベースを始めたが、ベースはベースで複雑だった。しかし、私はきっぱりやめることはせず、複雑じゃない単純なことをずっと繰り返し練習していた。上のレベルには行かず、浅瀬でちゃぷちゃぷ楽しんでいた。幸い、周りには「もっと練習しろよ」と言う人はおらず、私とちゃぷちゃぷを一緒に楽しんでくれる人たちばかりだった。中学生のときは、車の窓ガラスが全部割れている男性とノイズバンドを結成し、一緒に騒音を作っていた。高校生にあがったら、ジャズ部に入った。ジャズ部では、中学生のときから浅瀬で遊んでいた私よりも初心者の人たちが多く、初心者なりのジャズをやっていた。ジャズとは、テクニックや情熱が必要なものだけれど、私たちにはその2つはない。私がジャズ部に入った理由も、軽音部はイケすかないし、吹奏楽部はなんか厳しそう。という理由だけ。だから、ジャズでもない好きな曲を持ってきては、向上心のないみんなと一緒にただ楽しくセッションしていた。音楽というのは、下手でも楽しい。上手くなったらもっと楽しいのだろうけれど、下手には下手なりのおもしろみや個性がある。この何一つ上を目指さない、今の下手さをただ楽しむ経験が、私の物作りにも響いていると感じている。

歌も苦手だ。しかし、歌うことは大好きで、まったく出ない高音を出そうとしてかすれたり、キーがまったく合っていないまま歌ったりする。歌えるはずないのに洋楽をカラオケで歌って場をしらけさせたりする。なので誰かとカラオケに行くと「下手だ」と批評してくる人が現れて、その度に歌うことが恥ずかしくなった。しかし、下手な人に下手というのはセンスがなさすぎる。そんなセンスのない人の言うことを真に受けるのはあまりよくない。下手でも誰でもやっていいのが表現だ。そんな気持ちを胸に、オカリナを作る。ギターやベースは、うろ覚えで作ることが難しそうなので、オカリナは作るのにすごく適している。うろ覚えで果たしてちゃんと作れるのか疑問と不安は抱きながらも、どんなかたちになっても私はそれをおもしろがれる自信だけはたっぷりある。

オーブン粘土を目の前にした私は、どうしたものかと頭を10秒くらい悩ませ、おもむろに粘土をこねた。オカリナの中は空洞になっているので、とりあえず真ん中を空洞にした楕円を作った。そこに指で穴を開けていく。オカリナは穴がいくつか開いていることは知っているが、その穴がはたして何個なのか、どのくらいの大きさなのかまでは思い出すことができなかった。なので、適当に4つ穴を開けた。そして、さらに私は背面にも穴が1つ開いていることを思い出し、背面にも1つ穴を開けた。グッジョブである。さらにオカリナは息を吐くための通気口のようなものがある。なので、左の上面にそのための穴を開けた。これでうろ覚えオカリナの完成である。

オーブン粘土はオーブンで1時間ほど焼くと陶器のように硬くなる。160度のオーブンで1時間焼いた。これで、私の音色を奏でることができる。ある程度冷ましたら、口を通気口につけ、指を穴に乗せ、息をふっーっと吐く。ピスー……。ピ、ピスー。鳴りそうでならないその間抜けな音が私を表しているようだった。

そもそも穴がデカすぎて、指でおさえられない。さらに、完璧な空洞を作ったと思っていたけれど、右側に微妙な穴が開いており、そこから空気が漏れてしまい音が鳴らない。私のオカリナは私が粘土をこねた指の跡がばっちりついており、その痕跡が間抜けで雑で仕方ない。

うろ覚えでオカリナを作ることはできない。それが今回学んだことである。オカリナとは技術が集結して作られた繊細な楽器で、不器用な私にはこのような間抜けな音の出るオカリナを愛して生きるしか道がない。

私の間の抜けた向上心のない創作物たちは空中に放り投げられる。それが誰にどんな影響を与えるのか、まったくわからないが、下手な演奏をして「自分にもできそう」と入部してくれた後輩たちのことを思うと、あながち下手なことをやることも悪くないと思うのだ。

間抜けな音が、雑な見た目が私のかたちであり、向上心が皆無な私の自由な創作である。浅瀬でちゃぷちゃぷすることに、向上心がないことに、多少の罪悪感は抱きつつ、まあ、それでも少し経ったら上達するかもしれないし、今は今で下手な自分を楽しもうと強く心を持つ。パッションやテクニックがなくても、楽しむことはできる。楽しもうと思えば楽しめる。愛そうと思えば何でも愛せる。それが人間であることであり、この世を賛美することなのかもしれない。

うろ覚えオカリナ

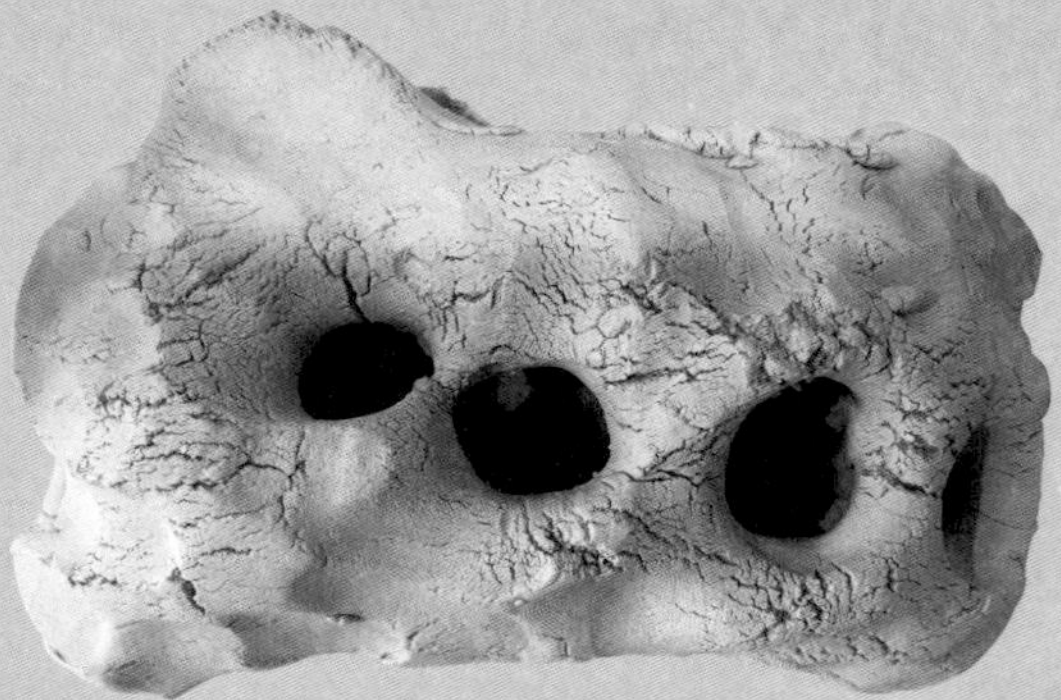

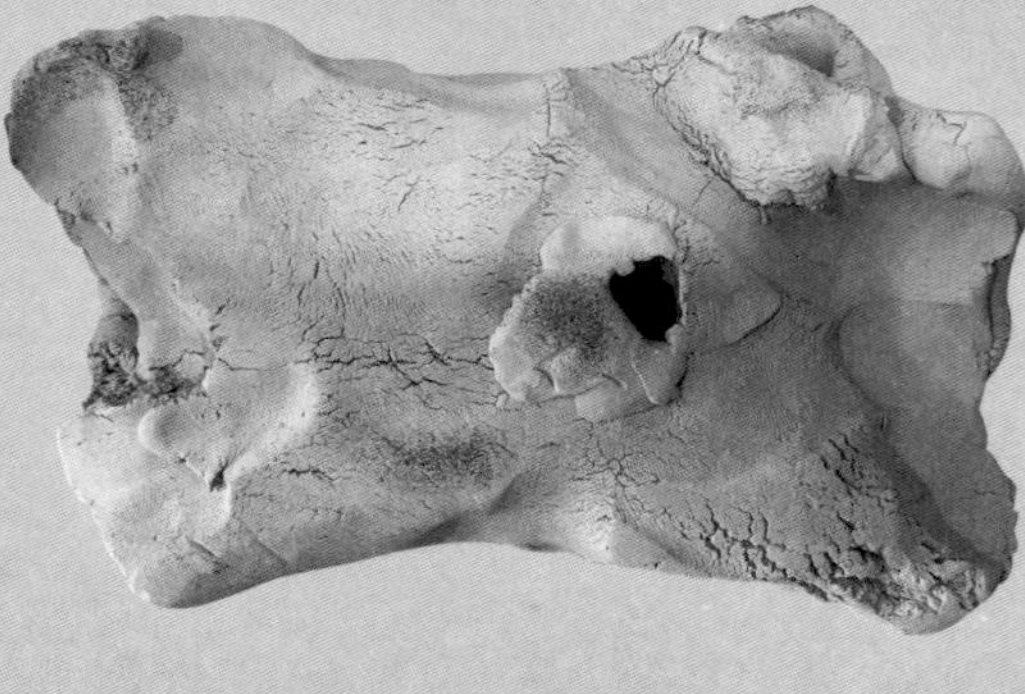

土に埋めたら歴史的発見だと思われそう。

100円ビヨンセ

ビヨンセになりたいとずっと思っているが、なにも努力をしていないことに気がついた。私はただ漠然とビヨンセになりたいと思っているだけで、筋トレをするわけでもなく、マインドセットを変えるわけでもなく、歌やダンスを練習することもなくただぼんやりと日向《ひなた》に座っているだけである。そんなのじゃいつまで経ってもビヨンセになりやしない。

物心ついたときから当然のようにビヨンセのことは知っていたけれど、それを強く意識したのはゲイカルチャーの影響かもしれない。私はストレートだが、ドラァグ・クイーンなどのカルチャーが好きで、よくNetflixでアメリカのテレビ番組を見ている。彼ら／彼女らはよくビヨンセの話をする。それに影響されて、私もビヨンセのファンになった。ゴージャスで唯一無二のDIVA。私もビヨンセみたいになりたい。

ビヨンセの衣装を着たら、彼女のマインドになって、私は最強になるのかもしれない。

しかしながら、ビヨンセの衣装というのは、多分数百万くらいするであろう。高い生地や素材を購入したりするお金は私にはない。

ビヨンセにできて、私にできないことはたくさんあるが、ビヨンセができなくて、私ができることといえば、雑な工作だけだ。いや、雑な工作であればビヨンセも全然できるかもしれないが、とにかく、私は工作が好きで、その気持ちはビヨンセに負けない。なので、私はビヨンセの衣装を雑に作ってみることにしたのだ。

ということで、私は100円ショップにいる。100円ショップにいると、なんだか気持ちが強くなる。安くてなんでも買える喜び。その喜びを最大限享受して、ビヨンセの衣装に見合う材料をたくさん買った。1つ300円という100円ショップにしては高級品もこの際購入した。

黒いタンクトップ2枚、保冷バッグ、運転用の手袋、黒い画用紙。この5点を使って、ビヨンセの「シングル・レディース」という曲のMVで象徴的な黒いハイレグと金属のグローブを作ろうという魂胆である。この曲は私がビヨンセの中で最も好きな曲である。独身のときは、よくこの曲を聴いてテンションを上げていた。

まずは、黒いタンクトップを2枚上下に重ねてハイレグを作ろうと思ったのだが、1枚で十分そうだったので、1枚でなんとかすることに。裾をVの字にカットし、股の部分を縫い合わせた。

裏返す。ビヨンセの衣装を見てみると、肩が大胆にカットされているので、それを真似て私もタンクトップを切った。衣装の太ももの付け根の部分には、なにか黒いものがあしらわれているので、黒い画用紙をグルーガンでくっつけようとしたのだが、なかなか接着することができず、やめることにした。

次は金属のグローブを作る。金属は流石に用意できないので、シルバー色の保冷バッグを使うことにする。光沢があり、写真にしたら金属に見えるのではないかという魂胆だ。白い運転用手袋に保冷バッグを切って貼り付けていく。接着にはまたもやグルーガンを使う。グルーガンとは、グルーと呼ばれる素材を銃のような形のマシーンで溶かして固めて接着する道具であり、雑な工作にはよく使われる。グルーガンを使うと、決まってグルーのカスのようなものが出て机が汚くなるのだが、それをとある物作りのイベントで話したら「そんなこと起きたことない」と言われ、私だけがこの苦痛を味わっているのかと疎外されたように感じた。私は、道具の扱い方も雑で、よく怒られる。以前、シェア工房に入居していたときも、プラスチックが切れる超音波カッターを借りようとしたら「壊さないでくださいね」と言われ、私は借り物までも壊すような人間に見えているのかと落胆した覚えがある。ぜんぶ普段の行いのせいだ。そんな私だが、小学生から使っている彫刻刀を今でも使っていたりと、なかなか物持ちはいいので、安心してほしい。

手袋に保冷バッグをくっつけた。しかし、手にはめようとしたところ、キツくてなかなか入らない。どうやら伸縮性のある手袋が縮んでいるときに保冷バッグをつけてしまったことが原因のようだ。なので、自分の手に手袋を装着しながら保冷バッグをくっつけることにした。はめた手袋にグルーを乗せていく。グルーは高温になっており、ものすごく熱く、やけどをしそうな勢いだが、私は耐える。すぐそこにビヨンセが待っている。「あつい！」と1億デシベルの大声をあげつつやり切った。

早速、家に帰って衣装を着ることにした。まずはハイレグから。足を通してみると、予想以上のハイレグである。さらに片乳がはみ出ている。タンクトップ1枚でハイレグは作れるはずと算段したが、それは間違っており、布面積が圧倒的に足りていない。こんなにもセクシーな衣装を着る価値が私にはあるのか。いや、ある。いや、ない。ある。ない。ある。ない。という問答をしつつ、最終的には「ある」という結論に至った。そしてグローブをはめる。もうこれで気分はビヨンセである。ビヨンセのマインドになり、私はセットしたカメラの前でいくつかのモデルポーズをとった。

友人にこの画像を送ると、「艶が足りない」と言われた。ビヨンセの画像を改めて見てみると、肌がツヤッツヤである。私になくてビヨンセにあるものその1、肌の艶である。オイルをぶっかけようかと思ったが、そこまでしたら戻れなくなる気がしたのでやめた。

ビヨンセは「私にはその価値がある。私はDIVA。努力してきた」「DIVAになるには相当の時間が必要」と言っている。そうか、DIVAになるためには相当の時間と努力が必要なのか。私にはそんなことをとうていできない。ビヨンセにはかなわない。でも、それでいいのだ。そして、ビヨンセは「自分が『そのために生まれてきた』ということをする」とも言っている。私はこういった雑で不器用な工作をするために生まれてきた。世の中にどうでもいいものをたくさん産み出すことを目的に生きている。そうだ。私は無駄づくり界のDIVAよ。今までも、これからも、ずっとたくさんのどうでもいいものを産み出すことが私の使命なのだ。それが世の中で何かのかたちにならなくても、私の中ではかたちになる。それを信じて、無駄なものを作り続けるのだ。

100円ビヨンセ

君もビヨンセになれる！

Fのセーター

「断捨離」のそれぞれの文字には、ヨーガの行法《ぎょうほう》である断行《だんぎょう》・捨行《しゃぎょう》・離行《りぎょう》に対応し、

断：新たに手に入りそうな不要なものを断る
捨：家にずっとある不要な物を捨てる。
離：物への執着から離れる。
という意味がある。
引用：Wikipedia「断捨離」

まず最初は使っていない炊飯器だった。使っていない炊飯器を捨てたら、物置にスペースができて、そのスペースを眺めながら酒が飲めるほどにはうれしかった。それから本棚、テレビ台、椅子、布団などを手放し、最終的に自分の服を手放した。今は下着類を除くと15着しか残ってい

ない。私は断捨離に見事にハマり、ミニマリストとまではいかないけれど、それに近い存在になっていった。テーブルもいらない。床で食えばいい。電子レンジもいらない。尻で温めればいい。そう思えば、この世のすべてのものがいらないと思い始めてきた。無駄な物を作っているのに、家にある無駄な物は捨てる。矛盾しかない自分自身の行動に信念のなさを感じながらも、こうやって何かを手放して虚無の空間が生まれることが楽しくてしょうがなかった。しかしながら、服が15着しかないというのはなかなか苦労するものである。まず、ものすごく寒さを感じるようになった。冬に着る服がないのだ。

友人たちがこぞって編み物をやっており、その成果物を見ていると、私もやってみたいと思うようになった。編み物は心にもよいと聞くし、常に心がざわついていて物作りが好きな私にはもってこいの趣味ではないか。ということで、なんとなしに糸と棒を購入した。ちなみに、編み物はコロナ禍のときに始めようと思って挫折した経験があるが、一回挫折したくらいで再び挑戦しないという理由にはならない。

糸と棒を見つめ、何を作ろうかと悩む。そうだ。Fと書かれたセーターを編もう。サザエさんのカツオよろしく、自分の名前を堂々と表示しながら歩いてみたい。俺の名前はFから始まるぞ！　どうだ！　しかも、これ手編みだぞ！　どうだ！　そんな具合に生きてみたい。

しかしながら、まったくの初心者がセーターから編み始めるというのは、野球をやったことのない人がホームランを打とうとするくらい途方も無いことである。けれども、私はセーターを編みたいし、野球のルールさえ知らないけれどホームランくらいだったら打てる気がする。「まずは基本の四角形から編みましょう」といってくる教本をすっ飛ばしてセーターの編み方に目を通したら、編み物の図や記号など難解なものが出てきたので、一旦本を閉じる。

とりあえず基本の編み方を覚えて、大きな四角い布を2枚作って、それを裏表に重ねるだけでセーターっぽくなるんじゃないかな。ファッションに詳しい夫に聞いたら、そういった布を2枚重ねただけの襟ぐりのない服のトレンドがあるらしい。それです。それを作ります。まずは、編み方をどう習得するかだ。教本には図解されているけれど、みるからに難しく、私には絶対にできないという諦めが漂ってくる。物作りの過程においてインターネットを見るのはなぜだか禁止している。インターネットを使うと自分の能力が否応なしに700倍くらいに膨れ上がってしまうからだ。なので、デザインの仕事をしていて器用な夫に図解を見てもらい、それで習得した技を伝授してもらうという無形遺産みたいなことをやることにした。夫がこうじゃないかな？と、やる技を見て、私も真似する。すると、一目編めた。これをセーターの幅分繰り返せばいい。

編み物には棒針あみとかぎ針編みがあるということを知った。棒針編みというのはよくおばあちゃんがやっているような2本の棒を使った編み方で、直線的なものを作ることができる。かぎ針編みは1本のかぎ針で編む編み方で、丸い形やおもしろい模様なんかを作ることができるのだ。私はなんとなく棒針を選んだのだが、これは単調作業が好きな私にとってはかなり好手だった。

ずっと同じ作業を続けていれば、なんとなく編めるようになるのだ。これで合ってるのかはわからないが、集中してとりあえず半分くらい編めた。Ｆの模様を入れたいので色を入れ替える。新しい色の糸を引き抜き、編み込んでみたら、意外にもできた。なにも見ずにこんな高度なことができるなんて、私ってＩＱ５０００ありそう。編み物は、ノリと勢いである。失敗しても、すぐに糸をほどいて取り返すことができるから、失敗を恐れずに、ただノリで編んでいればいい。

しかし、編み物というのは心地の良い暖炉の音でも聴きながら、ロッキングチェアに座りながらやるイメージがあるが、私の場合は無音で地べたに座り前のめりになりながらやっている。それに2本の棒を両手に揃えて、器用に編んでいくイメージもあるが、私の場合は1本を太ももの間に差し込み、もう片方に編み込んでいくスタイルをとっている。さながら漁師が網を作っているようなワイルドさがここにはある。そのスタイルが悪かったのか、私は左手の爪にあざができてしまい、編み物をするたびに激痛が走る。

集中して編み物をしていると、ぽたりとどろっとした液体が編みかけのものについた。よだれである。ここで気づいたのだが、私は集中するとよだれをたらす。セーターを編んでいる間、５回はよだれをたらしてしまった。

指の激痛を耐え忍び3日かけて編み上げたそれは、袖をつけるのがめんどうでやめてしまったので、セーターと呼べるものには仕上がらなかったが、胸元にあるFという文字がきらめいて見える。裾が短いし、なにか飛び出てるし、Fの位置が正面ではなく左にずれているし、表編みと裏編みが混在しているし、よだれまみれだし、これを着ていたらどこへ言っても「自分で作ったんですか？」と言われるであろうほどに手作り感が満載だが、私はけっこう気に入っている。ためしに外に着ていってみたら、周りの白い目に反してセーターはとても暖かい。短ランセーターの完成だ。

アメリカの作家であるヘンリー・D・ソローは自身の著書『ウォールデン　森の生活』のなかでこう言った。「だからといって編むことが自分にとって無価値とは思わなかった」。

籠を編んでいた彼だが、どうにも上手く編むことはできず、とてもじゃないけれど、売り物にはならないものが完成したそうだ。しかし、彼は編むことは無価値ではないと言っている。彼は編むことの楽しみを見出し、その過程にこそ価値があると感じたのだろう。私も同じで、作るものは売り物になるようなものではないが、作る過程にこそ売る以上の価値を感じる。不器用だからといって、物を作ることを諦めてはいけないのだ。売れないからといって、それが無価値というわけではないのだ。ただその過程にある楽しさを単純に価値として受け取ればいいだけだ。

いらないものを手放して、いらないものを作る。必要のあるものを手放して、必要のあるものを作る。いらないものも必要なものもどちらも私たちの生活には絶対的に存在するべきものである。

Fのセーター

「うまくできてる！」と言う人もいれば
しばらく笑いつづける人もいる。

スタイロフォーム彫り熊

戦後、新婚旅行で北海道に行くのが流行していたことから、生物《なまもの》をお土産として持って帰ると腐ってしまう。当時は電車やフェリーで移動していたことが、我々の祖父母の家に必ずといっていいほど木彫りの熊がある理由らしい。北海道に取材に行ったとき、八雲町木彫りの熊資料館の学芸員の方が教えてくれた。道内で作っている人は年々少なくなっており、現在はなかなか希少価値のあるものとなった。木彫りの熊と一概に言っても全盛期には作家が何人もいて、作家によって様々な顔になる。資料館にお邪魔したとき、いろいろな顔をした熊を見て、私も彫ってみたいと強く思った。

まず付近に転がっていた木材を彫刻刀で削るところから始めてみたものの、どうやっても熊の形にはならず、そもそも、彫刻刀の扱いが上手くないので、どのように彫り進めていけばいいのかわからない。ある程度木を切ってかたちを整えてその後に彫刻刀で削ればいいのかと思い立ち、のこぎりの刃を入れてみたものの、木材が固く、私は早々に諦めた。

すべてを諦めるとともせいせいする。もう何もやらなくてもいいんだというれしさが全身を駆け巡り、多少の罪悪感はあれど、陽《ひ》の光がいつもより暖かく感じる。私は小学校も中学校も高校もあまり行っていなかった。いつもズル休みばっかりして、通学を諦めていた。ある日は、学校に行こうとしたけれど、足が勝手に反対方向に向かい、電車に乗り、映画館で時間を潰して、しれっとした顔で帰宅したことがある。何の映画を見たかはすっかり忘れてしまったけれど、映画終わりの散歩中に見た変な風俗店の看板は忘れられない。すべてを諦めてきたから、今がある。諦めが私を作っている。

とは言っても、どうにか熊を完成させたいという気持ちはやはり拭《ぬぐ》えないなと布団にくるまって寝ているときにぬくぬく思っていた。なにか加工しやすい木材はあるのだろうか。それとも、紙粘土で作るとか。それだと彫刻にならないな。ちょっとアトリエに行ってみるか。と、アトリエに行くことにした。作業場として使っているここには、たくさんの資材が積み重なっている。その中からスタイロフォームというものを見つけた。スタイロフォームというのは、樹脂を発泡させて作られた素材で、青い色をしているのが特徴的だ。パッと見は、なんだか密度の高い発泡スチロールみたいなもので、専用のカッターで加工する。本当は彫刻刀で木材を加工してみたかったんだけれど、私には難しい。じゃあ、このスタイロフォームで彫刻をしてみようじゃないか。

30㎝×30㎝ほどのスタイロフォームを切り出して、コの字形に取っ手がついていて電熱線が張ってあるスチロールカッターというもので加工をしていく。電熱線が熱せられることで、スタイロフォームを切ることができる仕組みだ。まずは、足と胴体、そして頭を切り出す。そうだ。木彫りの熊は鮭《さけ》を咥えているから、その部分も作らないといけない。口の部分を丁寧に切り出して、魚ということにする。切り出す作業はとても楽しく、集中して行うことができる。耳を削りだすと、「み、耳ができた！」と、全身に喜びが駆け巡った。

加工を楽しんでやっていると、プロダクトデザイナーの知人が通りがかった。「熊ですか？」と聞いてきて、「え？　わかるの？」と、思わず質問返ししてしまった。「わかりますよ。かわいい」。えへへ。かわいいって。まるで自分がかわいいと言われたかのように気持ちの悪い笑顔を振り撒《ま》いてしまった。また別のプロダクトデザイナーの知人も通りかかり「木彫りの熊ですか？かわいい」と、今度は熊だけではなく、「木彫りの」までついて褒められてしまった。えへへ。かわいいって。

彫刻することは楽しいのだが、スチロールカッターの性質上、丸く形を整えるのがたいへん難しい。面を取ろうとすると、また面が2つでき、というのをくりかえして、くりかえしまくったら丸くなるのだろうが、せっかち日本代表の私にはそんな悠長なことできっこない。見事にポリゴンな木彫りの熊ができあがり、「これ以上加工したら変になる」という神のお告げから私は作業の手をとめた。

先述した通り、スタイロフォームは青い。これだとあまり熊に見えない。なので、色を塗ることにした。ワールドクラスにせっかちな私は、スプレー缶でしゅしゅしゅっとやったらしゅぱぱぱぱと塗装できるっしょ。と、塗装をしようとしたところで「え？　色塗るんですか？」と、先ほどのプロダクトデザイナーの知人に言われる。「溶けますよ」。なんでも、スタイロフォームはラッカー剤と組み合わせが悪く、溶けてしまうらしい。教えてくれてありがとう。あやうく私の大切な熊ちゃんをドロドロに溶かしてしまうところだった。なので、アクリルガッシュで色を塗ることにした。せっかちワールドランキング80位台の私は、アクリルガッシュをパレットではなく、熊ちゃんの背中や脇、足などに直接出し、それを広げる形で茶色に塗ることにした。魚の部分は灰色にする。しかし、なんだか物足りない。ぼんやりとした茶色の物体は、少し怖い。ああそうだ。目だ。両サイドに目を描き足した。白い絵の具で丸く塗って、少し乾いたら黒目をちょん。

ところどころ塗り残しがあるが、これはこれで味である。なんでも「味」と言っておけばそれで済むと思っている節がある。しかし、味というのは大切で、本場の木彫りの熊を見たときも、それぞれの作品にそれぞれの味があり、それがとても素敵だったのだ。

私のこの熊を新婚旅行のお土産に持って行ってほしい。そして、「いや、いらねえよ」と突き返されてほしい。完成したときは、「やった！　完璧にできた！」と思っていたものの、こうやって写真を見返してみると、鉄を咥えさせられた熊のようで、かわいそうだ。あるいはハンマーヘッドシャークの亜種のような熊でもある。それでも、この熊ちゃんは不完全で最高だ。

スタイロフォーム彫り熊

いったい君は何を考えているの？

おわりに

不器用の冒険をお読みいただいて、あとがきまで目を通してくれて私はとてもうれしい気持ちでいっぱいだ。今回、様々な作ってみたいものを自分の手で作り、私の技術力が上がったかと言えば、そんなことはなく、ほとんど無用の何の役にも立たないものを生産しただけだった。しかし、何の役には立たなくとも、その物たちはただそこにあるだけでおもしろく、愛らしいことは間違いない。

私は物を作ることが好きだ。そして、物作りによって自分の世界が開けたとも思っている。不器用でも、下手でも、雑でも、頭に思いついたものや目についたものを作り上げることは、自分の世界を広げることでもある。そしてその門はいつでも開いている。

専門性を持ったものに関しては許可が必要なものもあるが、物作りのほとんどは許可はいらない。いつだって私たちに作られることを待っている。産み出されることを待っているアイデアをかたちにしない手はないのだ。

本書は書き下ろしです。

写真 上村 窓

ブックデザイン 沼本明希子（direction Q）

藤原麻里菜（ふじわら・まりな）
1993年神奈川県生まれ。コンテンツクリエイター、文筆家。頭の中に浮かんだ不必要な物を何とか作り上げる「無駄づくり」を中心にコンテンツを広げている。2016年、Google社主催「YouTubeNextUp」に入賞。21年、Forbes Japanが選ぶ「世界を変える30歳未満」30 UNDER 30 JAPANに選出される。22年、青年版国民栄誉賞TOYP会頭特別賞受賞。

不器用のかたち

2024年12月2日 初版第1刷発行

著者　藤原麻里菜
発行者　庄野 樹
発行所　株式会社 小学館
〒101-8001　東京都千代田区一ツ橋2-3-1
編集 03-3230-5959　販売 03-5281-3555
印刷所　大日本印刷株式会社
製本所　株式会社若林製本工場

造本には十分注意しておりますが、印刷・製本など製造上の不備がございましたら「制作局コールセンター」（フリーダイヤル 0120-336-340）にご連絡ください。
（電話受付は土・日・祝休日を除く 9:30〜17:30です）

Printed in Japan　ISBN978-4-09-389176-9